את מדמיינת

לגדול עם אמא נרקיסיסטית

רויטל שירי-הורוביץ

רויטל שירי-הורוביץ

את מדמיינת

לגדול עם אמא נרקיסיסטית

עריכה: שלומית ליקה
הגהה: שלומית אייזמנן
הפקה ועיצוב גרפי: ספרי ניב

נדפס בישראל

ספרי ניב הוצאה לאור

ספרי ניב

bookpublisher.co.il

את מדמיינת

לגדול עם אמא נרקיסיסטית

מסע אישי בין תובנות

רויטל שירי-הורוביץ

תוכן העניינים

הקדמה

אמא שבראש ואמא שבלב

כשאתם שומעים את המילה "אמא" אילו מחשבות זה מעורר אצלכם? או אצלכן? אצלי המילה אמא היא מילה מורכבת. אמא אמורה להיות חמה ומגוננת. היא חושבת תמיד על טובת ילדיה, גוזליה, הם תמיד לנגד עיניה. אז איך גדלתי עם אמא מסוג שונה? אמא שהיא קודמת לילדיה.

היום אני יכולה להבין מבחינה רציונאלית את ההתנהגות שלה, אך יש לי רגשות טעונים מאוד כלפיה. יש את אמא שבראש ויש את אמא שבלב, ובין שתיהן יש את רגשי האשם האין-סופיים. הכוונה ב"אמא שבראש ואמא שבלב" היא לתובנה שמשהו לא תקין, אנו הבנות מקבלות מסרים מבולבלים מאמא ("אמא שבראש"), ויש את "אמא שבלב", שהיא אמא שאוהבים, אבל מרגישים משהו מוזר באהבה שלה כלפינו. אבל אני מקדימה את המאוחר, לאט-לאט.

יש הרבה משפטים המבטאים את חשיבות האם בתרבות שלנו, ביניהם: "אמא יש רק אחת", "אין כמו אמא" ועוד. בכלל נושא האימהות בעולמנו עדיין נחשב לטאבו, ואם בנות אומרות משהו שנתפס כשלילי, הן זוכות לתגובות: "בטח לא הבנת נכון את אמא שלך", "זה לא יכול להיות, אמא אוהבת תמיד את ילדיה", ואף משפטים איומים כגון: "אמא שלך עשתה עבורך הכול, איך את מעיזה לדבר עליה ככה?" משפטים כאלה גורמים לבנות לאימהות נרקיסיסטיות, שלא בטוחות בעצמן ממילא, וחושבות שמשהו לא תקין בתפיסת עולמן, להרגיש שמשהו פגום אצלן.

הספר הזה נכתב בדם לבי, תוך כדי מלחמה פנימית ברגשי

[7]

האשם, בחששות שלא לפגוע בה, ובידיעה ברורה שאני מעמידה את עצמי בחזית. אין לי ספק שיש בספר הזה שבירה של מיתוס האימהות, ועם זאת, ככותבת, אני רוצה לבוא אל הבנות הללו ולומר להן בגילוי לב: "זה לא אתן, אלו האימהות שלכן".

יש אימהות לא אמפתיות (זאת הפרעה רגשית), יש גם אימהות שמתחרות בבנות שלהן, אימהות שמקנאות בבנות שלהן, ולא, זו אפילו לא אשמת האימהות, כי בדרך כלל הן גדלו עם אימהות כאלה והן עצמן לא זכו לאהבה, ולכן הן מוגבלות במה שהן יכולות להעניק. צריך לומר את הדברים הללו בגלוי ולא לטאטא אותם מתחת לשטיח.

הספר הזה נכתב כדי לדבר על אימהות נרקיסיסטיות ועל בנות לאימהות כאלה. הספר בא לעזור לבנות הללו להבין שהן בסדר, שמה שהן מרגישות וחוות כל השנים הוא אמיתי, ושיש נשים נוספות שחוו וחוות את אותם הרגשות, הן לא חריגות, והן אינן לבדן.

מטרתו של הספר היא לחלוק את החוויה שלי, ולשתף בתובנות שליקטתי לאורך השנים ממאמרים ומהטיפול שעברתי. אינני מתיימרת לכתוב ספר פסיכולוגי, אין לי כל הכשרה לזה. אני מתכוונת להציג את הסיפור שלי בלבד, בתקווה שיעזור לאחרות כמוני.

חלק ראשון:

על בושה ודמיון - לגדול כבת לאם נרקיסיסטית

פרק 1: מהו נרקיסיזם?

מקור השם נרקיסיזם הוא בנרקיסוס, דמות מן המיתולוגיה היוונית. דמות יפהפייה שזכתה לאהבה מגברים ומנשים אך לא התאהבה באף אחד, ובסופו של דבר, התאהבה בבבואתה. אנשים בעלי הפרעה נרקיסיסטית אינם מסוגלים לראות את האחר ולגלות אמפתיה כלפיו. מבחינתם על העולם לשרת את מטרותיהם. הם אינם יכולים להבין את כאבו של האחר, והם שמים את עצמם במרכז בכל מחיר - במקרה שלי הכוונה היא שאם קורה משהו בחיים שלי, הוא איננו רלוונטי אם איננו משרת אינטרס של אמי.

מהי אם נרקיסיסטית?

אימהות נרקיסיסטיות גדלו בדרך כלל עם אימהות נרקיסיסטיות בעצמן. ההפרעה הזאת לא הגיעה משום מקום אלא התפתחה במשך שנים רבות. הן לא למדו אחרת, ולא השכילו לגדל את בנותיהן בדרך אחרת. נרקיסיסטיות נחשבת להפרעה, לא למחלת נפש, הפרעה שמשמעותה היא שהעולם הוא חלק מאותה אישה, וכל מטרתו הוא לשרת אותה. ילדיה של אישה כזאת לא קיימים כישות נפרדת, הם חלק ממנה, ולכן יש לה זכות מלאה להפעילם ולכוון אותם לקיום צרכיה שלה. בלעדיה, אין להם קיום.

באחת מהשיחות הלא פשוטות עם אמי היא צעקה לעברי "אבל את שלי". זה היה כבר בשנות החמישים שלי. הייתי כבר אישה בוגרת, והבנתי שאני ישות נפרדת ועצמאית. עצרתי לרגע, ומכיוון שלא רציתי להעליב אותה אמרתי: "אני לא שלך ולא של אף אחד, אני של עצמי". נשמע אולי ילדותי, אבל גם פה, כמו בשיחות רבות בינינו, הקפדתי להניח קו מפריד כדי לשמור עלינו כעל

שתי ישויות נפרדות ועצמאיות. מאז היא חזרה על האמירה הזאת פעמים רבות, בכל פעם שחשה שאינני מבינה שאני צריכה להיות איתה, לעשות עבורה או להיות ישות בלתי נפרדת ממנה. קשה לתאר את הרגש שעולה בי בכל פעם שהיא אומרת משפט כזה.

אינני רכוש של אף אחד, אני לא שלה, אני אדם עם רגשות, רצונות, חלומות, שאין לאמא שלי דבר וחצי דבר בהם. אז איך זה "שאני שלה?"

אמי מעולם לא הניחה קו מפריד בינינו, מלבד כשפגעה והעליבה. אז התייצבה נגדי אבל מלבד זאת לא הייתה לה בעיה לחטט בארונות ביתי, בחדר השינה שלי, לקחת בגדים שבהם חשקה נפשה. אם אני שלה, אז כל מה ששלי שייך לה. אין הפרדה! אני היא, והיא אני, ומה ששלי שייך לה. חוסר בגבולות הוא מהבעיות הקשות ביותר שבין אימהות נרקיסיסטיות לבנותיהן.

זיכרונות מכוננים

זיכרונות הם רקמה עדינה של רגעים שבנו אותנו והפכו אותנו למי שאנחנו היום. זיכרונות מכוננים הם זיכרונות שמטביעים בנו משהו שהולך איתנו לאורך החיים. כל אחד מאיתנו גדל באווירה מסוימת, במשפחה מסוימת, והחוויות שאנו עוברים במהלך חיינו משפיעות על מי שאנחנו היום. כל אחד מאיתנו גדל באופן שונה. אני גדלתי כבת בכורה להוריי, ואחרי נולדו בן ובת. אני זוכרת ילדות לא צפויה, עם אמא לא צפויה ואבא שהיה נוכח-נפקד.

אחד מהזיכרונות המכוננים שלי הוא מיום הכיפורים בביתם של סבי וסבתי בלוד. אני בת שש או שבע. אמא החליטה שאני צריכה לצום עד שעות הבוקר כי אני כבר ילדה גדולה. לא עברה שעה ארוכה ואני כבר רעבה וצמאה, אני רוצה להפסיק אבל

אמא כועסת, כל כך כועסת. היא משתמשת במילים מעליבות, במילים משפילות: "את לא יכולה לרסן את עצמך? רק עכשיו גמרת לאכול, תסתמי את הפה ולכי לישון". אני כל כך נעלבת, ומנסה להשקיט את הרעב. סבתא שלי רואה זאת, לוקחת אותי בשקט לחדר השינה שלה ונותנת לי לאכול סמבוסק. זה משקיט את הרעב ואני יכולה להירדם.

אמא הייתה אלופה בלהקסים אותנו. היא ידעה "לעשות קסמים" ולדאוג שהמיטה שלנו תהיה מוצעת כשנשוב מביתם של סבא וסבתא במוצאי שבת. היא הייתה מלאה באנרגיות של עשייה, ואנחנו זכינו לחוויות ייחודיות - לקום בבוקר ולנסוע ברכבת לנתניה, סתם ככה, ללא סיבה מיוחדת. לערוך פיקניק תחת עצי האקליפטוס ולשוב הביתה. אמא של חוויות לא צפויות, אף פעם לא צפויות, לטוב ולרע. אמא הייתה המלכה שלנו, היא ידעה הכול הכי טוב בעולם.

אני בטוחה שלא אמרתי את הדבר הנכון בזמן הנכון, התגובה היא משיכה בידיים שלי והשלכתי על הרצפה הקרה. "אני לא אמא שלך, אני לא רוצה לראות את הפרצוף שלך, לכי מפה..." זה לא היה משהו חד-פעמי, זה חזר על עצמו פעמים רבות, לא רק כלפיי, גם כלפי האחים שלי. התנועה הזאת והמילים האלה מכאיבות לי עד היום כאילו נעצו סכין בלבי. כאם בעצמי, לעולם לא אבין את התנועה הזאת ואת ההרחקה הזאת. ילד הוא לא חפץ, לא משליכים אותו, לא באופן פיזי ולא באופן רגשי.

במשך שנים ארוכות היו בי כעסים עצומים. תמיד הרגשתי שאמא שלי רוצה לשלוט בי ובמה ששייך לי, בצורה מניפולטיבית, ובתואנה שזוהי אהבת אם. את השתלטנות תירצתי לעצמי כאהבת אם וכאכפתיות. לא הייתי מסוגלת להתבונן באופן קר ולראות את האמת הכואבת: אמי ניכסה אותי לעצמה כשהתאים לה, ובעטה אותי אל העולם כשלא תאמתי את ציפיותיה.

מסרים סותרים ומבלבלים

באינטואיציה שלי הבנתי שמשהו לא תקין, אך לא ידעתי להניח
את האצבע על המקום המדויק. מצד אחד משדרים לך שאת לעולם
לא תהיי ראויה לאהבה, ומצד שני אומרים דברים שנשמעים כמו
משהו שדומה לאהבה. כילדה זה בלבל אותי מאוד. ילדות לאימהות
נרקיסיסטיות חוות חוויות שבנות לאימהות שאינן כאלה לא תוכלנה
להבין. הרי אמא אמורה להיות מלאת אהבה ללא תנאי, מגינה,
מפרגנת, תומכת ועוזרת. אמא לא אמורה להיות מניפולטיבית,
פוגענית, מערערת במקום לייצב, מחלישה במקום לחזק, נוטשת
רגשית. ילדות לאימהות נרקיסיסטיות גדלות בתחושה מעורערת
- הן לא ממש יודעות אם מה שנאמר להן הוא אמיתי או שזאת
שוב מניפולציה. מה נכון ומה לא? ומאיפה תגיע הפוגעניות של
אמא? נוצר מצב שבו גדלים בתחושה של חוסר יציבות.

גם אימהות נרקיסיסטיות, האימהות שלנו, עשו כמיטב יכולתן, אין
לי ספק, אבל יכולתן הייתה מבחינתנו, הבנות, מוגבלת ותוצאותיה
קשות. קשה ומורכב עוד יותר עבורנו היה להפוך לאימהות.

מה זו אהבה?

איך מעניקים אהבה? איך לומדים להיות קשובה לילדייך אם לא
היו קשובים אלייך בילדותך? מהי אהבת אם? ומהי אהבה זוגית?
איך יודעים שאוהבים? איך יודעים שמישהו אכן אוהב אותנו חזרה
ללא כל תנאים, רק כיוון שאנחנו אנחנו? כל אלו הן שאלות שבהן
יעסוק הספר ואני מחפשת להן תשובה עד היום.

אני כבר בת למעלה מחמישים, ועדיין קשה לי לפעמים להאמין
שיש מישהו שאוהב אותי ככה סתם, רק כיוון שאני, אני. אני מגדירה

אהבה כנתינה, כרצון לתת ולשמח מישהו אחר, ללא תמורה. קוראים לזה "אהבת חינם" - מילים כל כך פשוטות ומאחוריהן עולם ומלואו.

בנות לאימהות נרקיסיסטיות לא מרגישות ראויות לאהבה, וגם לא ממש מאמינות לבני הזוג שלהן, ואפילו לילדיהן, שהם באמת אוהבים אותן ככה סתם בלי לבקש תמורה.

נדמה לי שזה לב הבעיה בחייהן של בנות אלו. מהי באמת אהבה? האם אנחנו אכן ראויות לאהבה? ואיך אנחנו אוהבות את הקרובים אלינו?

בתור אם צעירה חשתי אהבה רבה לילדיי שהתבטאה מבחינתי ברצון לגונן עליהם, ובניסיונות לצפות כמה צעדים קדימה כדי להבחין במה שהם יזדקקו לו. מעבר לזה, היה לי פחד בלתי מוסבר "לפספס משהו" מבחינה בריאותית, מבחינה רגשית. לא הבנתי שבעצם אני מתכוונת להקשבה. הקשבה אמיתית. הקשבה לצרכים רגשיים, הקשבה לצרכים פיזיים. הפחד הזה היה למוטו בחינוך ובגידול ארבעת בניי.

הפחד הזה שלא אראה ולא אבחין בבעיה כלשהי, פיזית ורגשית, שאתעלם בלי להתכוון, שלא אהיה אמפתית, שלא אהיה שם בשבילם כשהם יזדקקו לי, הפחד הזה חוזר אליי מדי יום. אני עורכת מעין "ספירת מלאי" כדי לוודא שהכול בסדר. גם אצל אלו שנמצאים כבר מחוץ לבית, שאינם זקוקים לעזרה, גם אצלם אני חוזרת ובודקת שלא פספסתי דבר. חשבתי תמיד שזה משהו שקיים אצל כל האימהות, היום אני מבינה שלא כל אם חווה חוויה כזאת, נראה שאני החריגה.

מי שלא חווה הזנחה רגשית יתקשה להבין את ההתנהגות הזאת. כיום, לאחר שכבר קראתי, טיפלתי בעצמי ועברתי תהליך של אבל, הכרה וקבלה, אני יכולה לומר שהצורך הזה לגונן, לטפל, להיות קשוב לצרכים, הוא דבר שמבחינה מסוימת רודף אותי. אני

חוששת תמיד מפני נרקיסיזם, תמיד אפחד שזה ידבק בי באיזושהי צורה. היסודות הללו קיימים בי, ואם לא אהיה חזקה מספיק כדי לשבור את השושלת הזאת, אעביר אותה הלאה לילדיי, בדיוק באותה הדרך שבה קיבלתי אותה מאמי, ושהיא בתורה קיבלה אותה מאמה.

שושלת של אימהות נרקיסיסטיות

סבתי לא ידעה לאהוב, וגם אמי לא. סבתי הייתה אישה חכמה שידעה לנתב אנשים לצרכיה. היא נולדה בעיראק כבת הראשונה ששרדה אחר אובדנם של כמה תינוקות. היא הייתה בבת עינו של אביה. מבחינתו הייתה סגנו של אלוהים, מלכה, ישות עליונה. הוא עשה הכול למענה וסגד לה. היא הייתה אחת מהבנות הבודדות שלמדו קרוא וכתוב בתחילת המאה העשרים בעיראק.

סבתי סיפרה לי פעמים רבות על אביה, ולעומת זאת הסתירה את הקשר שלה עם אמה. לא פעם סיפרה כי אמה הייתה טיפשה ולא עניינה אותה. היא למעשה לקחה את מקומה של האם והייתה לרעייתו האפלטונית של אביה: היא הייתה לבתו, לרעייתו ולאשת סודו. הוא התייעץ עימה, ונתן לה ככל שיכול היה. אני בטוחה שלא חשב לרגע כי הוא מגדל מפלצת קטנה שחושבת שהכול מגיע לה ושהעולם סובב רק סביבה.

סבתי נישאה לסבי, שגדל ללא אב. אביו יצא להילחם במלחמת העולם הראשונה ושב אחרי שנים רבות, שבר כלי. בכל אותן השנים, פרנסה האם את המשפחה הקטנה שלה, כאשר סבי, בנה הבכור, לצדה (על השנים הללו כתבתי בספרי "בת-עיראק[1]"). כאשר הגיע זמנה להינשא, נישאה סבתי לסבי שידע להעניק לה

1 בת עיראק, רויטל שירי-הורוביץ, גוונים, ישראל 2007

את כל אשר נזקקה לו. סבי נשא את סבתי על כפיים, וקיבל על עצמו דברים שלא היו אופייניים לגברים בתקופה ההיא. הכול היה בסדר כל עוד חיו בעיראק, אך משעלו ארצה וסבי לא מסוגל היה לספק עוד את צרכיה של מלכתו, הפנתה סבתי את גבה אליו והסיתה את ילדיהם נגדו.

היא הפכה את בנה הבכור לספק צרכיה והוא כבר דאג לסחוף אחריו את כל יתר אחיו. היא ישבה בבית והם פרנסו, ניקו, כיבסו ועשו כל עבודה אפשרית כדי לרצות את מלכתם, אשר דאגה לקשט את הארמון (בית קטנטן, ולפני כן אוהל במעברה), לצאת לחופשות מפנקות, ללכת למכוני יופי ועוד, בעוד ילדיה מפרנסים, מנקים ומכבסים. ילדיה אפילו לא חשבו שיש כאן משהו חריג, הרי "אולפו" להתנהג בצייתנות לאמם. יעברו שנים ארוכות כאלה של סגידה, עד למותו של סבי.

רק לאחר מותו של סבי הגיעה ההתפכחות של ילדיו, אך היא הגיעה מאוחר מדי. סבי לא זכה לקבל אהבה מילדיו. הוא קיבל אותה במשורה מנכדיו, ביניהם אני, שהקשבתי למה שאמר, נהניתי והייתי גאה בסבי החכם והטוב. סבי השפיע עליי כל כך, אפילו בלי שהיה ממש נוכח בחיי.

את האהבה לדת, לתפילות ולפירושם של פסוקים קיבלתי ממנו. אינני אורתודוקסית אלא יהודייה קונסרבטיבית. אינני מבקרת בבית הכנסת כפי שהוא ביקר באדיקות, אך שורשיי, בזכותו, הם עמוקים ואיתנים.

גם באי־השמעת קולו, השפיע סבי עליי, וזכורה לי שמחת החיים האדירה שלו, ומילות השבח לאל שאמר ללא קשר לחיים שחי. סבי היה איש של עבודה ותורה. עד לשנת חייו האחרונה, שבה חלה, עבד בתל אביב. הוא וסבתי התגוררו באחת השכונות של לוד. הוא היה קם השכם בבוקר לעבודת הבורא ואחר כך נסע בשני

אוטובוסים מדי יום לעבודה, עד שהיה בן שבעים ושש. הוא דאג לחגוג כל חג ושבת, גם כאשר שיתפו בני המשפחה פעולה וגם כאשר לא עשו זאת. בבית הכנסת ביקרתי בזכותו, מכיוון שאבי היה אתאיסט. אבי כיבד את סבי והלך עימו לבית הכנסת מדי פעם, אך גם כשלא הלך, התלוויתי מדי פעם לסבי. זכורה לי שיחה אחת בסמוך למותו, כאשר פירש עבורי פסוקים מהתנ"ך. "רוח שוברת סלעים", הוא אמר לי, "את יודעת מה משמעות הפסוק הזה?" ברור שלא ידעתי. "רוח", הוא אמר, "היא רוח האלוקים, והיא שוברת את סוריה, לבנון, עיראק, ירדן ומצרים". הוא אמר את הדברים לאחר מלחמת יום הכיפורים. ככה אמר סבא שלי האהוב, ועד היום אני זוכרת את הזמן הזה שישבתי לצדו ושוחחנו, ועד כמה התרשמתי מחוכמתו ומהידע שהפגין. אני חושבת שהייתי אז בת תשע אבל יש דברים שלא שוכחים, ושהולכים איתנו לעולם.

אמי גדלה עם אם נרקיסיסטית ולא עברה תהליך של צמיחה אלא נשארה פגועה ופוגענית. היא העתיקה את האימהות שלה מאמה, ולצערי גם את הזוגיות. היא לא השכילה לבנות זוגיות מכבדת ואוהבת. לזכותה יאמר שרוב הזמן לא הסיתה אותנו, ילדיה, נגד אבינו, אך גם לא לימדה אותנו לאהוב ולכבד אותו, ולמרות זאת, לכל אחד מאיתנו, גם לאחי וגם לאחותי היה קשר של אהבה אליו.

אצלי האהבה הייתה טבולה בחמלה וברחמים כלפי חולשתו ואוזלת ידו, אינני יכולה לדבר בשמם של אחיי. מעניין לראות שאין לנו משקעים נגדו, לא לי ולא לאחיי, כפי הנראה כל אחד מאיתנו סלח לו בדרכו על שלא ממש תיפקד כאב. בעצם מעולם לא היו לנו ציפיות ממנו, כך חינכה אותנו אמי, היא הראש והוא אפילו לא הצוואר.

בסופו של דבר ואחרי התובנות הרבות שהגעתי אליהן בנוגע

לשושלת של אימהות נרקיסיסטיות, הפחד הנורא ביותר שלי ברגע שהבנתי מה קורה - היה להמשיך את השושלת. אני מודעת מאוד לנושא הזה, ומתארת לעצמי שבנות כמוני לאימהות נרקיסיסטיות מרגישות דבר דומה.

מאפיינים של אימהות נרקיסיסטיות, בנותיהן והקשר ביניהן

בספרה "האם אי פעם אהיה טובה מספיק?[2]" דוקטור קריל מקברייד מציגה טיפוסים של אימהות נרקיסיסטיות, ומדגישה את מאפייני הבנות לאימהות אלה:

1. **את מנסה באופן קבוע לזכות באהבתה של אמך, בתשומת לבה, באישור שלה למי שאת, אך לא מצליחה** - אימהות נרקיסיסטיות מתקשות לקבל את בנותיהן כפי שהן, ולכן הן מבקרות אותן באופן תמידי. אמא שלי אמרה לי עשרות פעמים שאני שמנה. כשיצאנו לקניות ומדדתי בגד היא הביטה בי בגועל ואמרה: "אי אפשר כבר עם הגוף שלך. את חייבת לעשות איתו משהו." בכל מקום שבו היה מקום לשבח הייתה ביקורת, אם ההצלחה שלי לא הייתה ההצלחה שלה, היא לא הייתה רלוונטית, כלומר לא חשובה, לא משמעותית עד לא קיימת. היו מקרים רבים שבהם הצלחות שלי לא זכו לשום ציון, מסיבות שלי הפכו להיות שלה או שמעולם לא התקיימו, חגיגות ימי הולדת לא נחגגו ועוד.

2 ד"ר קריל מקברייד היא תרפיסטית, יועצת זוגית ומשפחתית, וזה יותר מ־30 שנה מטפלת בקליניקה שלה בנפגעי טראומה. תחום המחקר העיקרי שלה, הוא נרקיסיזם. ספרה הראשון ?Will I Ever Be Good Enough Healing the Daughters of Narcissistic Mothers הוקדש לבנות לאימהות נרקיסיסטיות.

2. **אמא שלך מדגישה את "איך זה נראה?" הרבה יותר מאשר את**
"איך את מרגישה?" - לאמא שלי היה תמיד חשוב להיראות
נפלא כלפי חוץ. ממש לא היה חשוב איך הרגישה באמת,
העיקר שנראתה נפלא. אני במגושמות שלי (האם בכלל הייתי
מגושמת?) נראיתי לה כנטע זר. ולכן ציינה פעמים רבות שאני
דומה למשפחתו של אבי. היא אמרה לי שלא כל אחד צריך
לראות איך אני מרגישה באמת, כלפי חוץ הכול צריך להיראות
טוב. "לא כל אחד צריך לראות שלא מתחשק לך לבוא, שאין
לך מצב רוח טוב". החיים הם הצגה אחת גדולה ואת שחקן
המשנה לשחקנית הראשית - הרי היא אמא שלי.

3. **אמך מקנאת בך** - אימהות בדרך כלל ירצו להתגאות בבנותיהן,
אך אימהות נרקיסיסטיות רואות בבנותיהן מקור לתחרות. בכל
פעם שאת מקבלת תשומת לב, תזכי לכעס או לעונש או לניסיון
להעביר את תשומת הלב אליה. כשמלאו לי שתים-עשרה שנים
אמא ארגנה אירוע "לכבודי", שכלל מוזיקה שלא הייתה לרוחי,
כשאמא שלי רוקדת במרכז ואני משחקת עם בני הדודים שלי
בחדר נפרד. לא היה באירוע הזה דבר שהיה שלי מלבד הכותרת.
בבר המצווה של בני הרביעי אמי לא הייתה נוכחת. לא ממש
נעצבתי על כך, כי ידעתי שברגע שהיא תשתתף באירוע,
תופנה תשומת הלב מבני, מאחיו ומהוריו אליה.

4. **אמא שלך לא מכבדת את העצמיות שלך או את העצמאות שלך,**
בעיקר אם זה מנוגד לצרכיה או מאיים עליה באיזושהי דרך
- כשעזבתי את הבית ועברתי לגור עם בן זוגי, אמא שלי כעסה,
וצעקה: "שהחבר שלי יזרוק אותי ואף אחד לא יסתכל עליי
אחרי זה". היא גם לא שכחה לציין את הדבר הבא: "איך זה

יכול להיות שהבת שלי תעבור לגור עם חבר, אחרי שאני אמרתי לאחותי שהחברה של הבן שלה היא מופקרת כי היא גרה איתו?" כשהתגייסתי לצבא יצאתי לנח"ל. בחודשים הראשונים אמא שלי "החרימה" אותי, ניסתה להסיט נגדי וניסתה להכריח אותי לחזור הביתה. במשך שנתיים תמימות, בכל שיחת טלפון, התחננה אמא שלי שאשוב הביתה.

5. **במשפחה שלך כל דבר קשור באמא שלך** - כשאני מתקשרת לאמי ושואלת מה נשמע, היא מתחילה לספר לי בפירוט רב על היום שלה, על החיים שלה, על הרגשות שלה ועל הרצונות והמחשבות שלה. לקראת סוף השיחה היא נזכרת לשאול, ומה שלומך? ושלום הילדים? זאת רק דוגמה אחת, יש עוד המון. בסופו של דבר, כל דבר מתחיל ומסתיים בה.

6. **אמא שלך אינה מסוגלת לגלות אמפתיה** - כשהן גדלות, בנות כאלה בטוחות שהרגשות שלהן אינם חשובים, יותר מזה, ישנה הדחקה והרחקה של רגשות. עד היום אני שואלת את עצמי איך אני מרגישה בנוגע למשהו. בדרך כלל אם יש לי רגש חזק מאוד אני מרגישה אותו בבטן. לוקח לי זמן רב להבין את הרגש הזה אבל אני מרשה לעצמי להרגיש, מה שלא עשיתי קודם לכן. שנים רבות הדחקתי, כדי שהרגשות שלי לא יהיו מקור לפגיעה בי. היה הרבה יותר קל לא להרגיש מאשר להתמודד עם עלבונות.

7. **אמא שלך לא מסוגלת להתמודד עם רגשותיה** - אמא שלי האשימה את כולם בכל דבר. המצב הכלכלי היה אשמתו של אבי הלא יוצלח. אם שאלתי אותה מדוע התנהגה אליי בצורה לא נעימה, היא טענה שאני "מדמיינת". אני מעוותת את

מה שבאמת התרחש, ושהיא לא השתמשה במילים שציינתי שהשתמשה בהן. בכלל נושא ה"דמיון" שלי היה נושא שדרכו התנגחה בי פעמים רבות. היה הרבה יותר קל לומר שאני "מדמיינת" מאשר להתמודד עם ההאשמה כלפיה.

8. **אמך ביקורתית ושיפוטית** - מקברייד כותבת כי לאדם מבוגר קשה מאוד להתגבר על העובדה שכילד קיבל יחס ביקורתי ושיפוטי. אימהות נרקיסיסטיות סובלות מביקורתיות בגלל חוסר הביטחון שלהן עצמן, הן משליכות את התסכולים על בנותיהן, ומאשימות אותן בחוסר האושר שלהן. האימהות האלה גורמות לבנותיהן לחוש כי הן "אינן טובות דיין", לא מספיק טובות. אמי ספרה לי שוב ושוב כי מעולם לא אהבה את אבי ונשארה איתו רק כיוון שנכנסה להיריון כחודש מיום נישואיהם. אני הבת הבכורה במשפחה... (מובן שאין בין זה ובין המציאות דבר, אבל שיהיה). אמי האשימה את אבי במצבם הכלכלי, וטענה פעמים רבות שלו הייתה נישאת לאחר, חייה היו טובים יותר.

9. **אמך מתייחסת אלייך כאל חברה ולא כאם לבתה** - ביחסים בריאים בין אם לבתה, האם מתנהגת כהורה, ומטפלת בבתה. הבת אמורה לסמוך על האם שתטפח אותה, ולא להיפך. אימהות נרקיסיסטיות נזקקות לאם, מכיוון שלא קיבלו יחס אימהי. הן הופכות את התפקידים. הבנות משמשות כקהל, כמקור לתשומת לב לאם, לאהבה ולחיבה. הן משתמשות בילדות הללו כמקור לנתינה להן ולא להיפך. אמא שלי אמרה תמיד לקרובי המשפחה שהיא ואני ממש "חברות", שאנחנו שותות קפה יחד ומשוחחות על הכול (מעולם לא שיתפתי את אמי

בנושאים אישיים מסיבה פשוטה: לא רציתי לתת לה כלים
לבקר ולנגח אותי). מגיל צעיר אמא חשפה אותי למידע שלא
התאים לגילי בנוגע לרגשות שלה כלפי אבי, למחשבותיה
כלפי אחרים ועוד. מהרגע שנולדו ילדיי אמרתי, ואני עדיין
אומרת להם, שאינני חברה שלהם. חברים יש להם המון, ואמא
יש רק אחת. התפקיד שלי הוא לדאוג להם ולעזור להם, לאו
דווקא תמיד בדרך חברית.

10. **אין גבולות ותחושת פרטיות בינך ובין אמך** - מבחינה רגשית,
אם נרקיסיסטית אינה מאפשרת לבתה לגדול ולהפוך לישות
נפרדת ממנה. עבור האם, הבת היא מעין הרחבה של עצמה.
אימהות נרקיסיסטיות חוות קשיים רבים בעצמן. הן חסרות
ביטחון באופן קיצוני, יש להן צורך תמידי באהבה ובהערצה. הן
חוות את עצמן כחשובות מאוד וככאלה החייבות להיות במרכז
תשומת הלב כל הזמן ובכל מקום. באופן מכאיב ביותר, לעתים
קרובות הן מעוניינות לגדוע את החלק הנשי שיש בבנותיהן
או כל דבר שיכול להפוך לתחרות עימן. האם הנרקיסיסטית
הקיצונית תנסה לפגוע בביטחונה העצמי של בתה בכל דרך,
היא חשה מאוימת כשבתה מתבגרת ופורחת. במקרה שלי
יכולתי להיות בטוחה שכל דבר פרטי שלי יעבור לכל המשפחה.
לא יכולתי לשתף בקשיים ובמחשבות בדיוק בגלל הסיבה הזאת.
אמי לא שמרה על פרטיותי. בעניינים נשיים היו מסרים גופניים
שליליים, בעיות נשיות לא זכו לטיפול, והייתה אפילו הזנחה.
היחסים הסבוכים הללו מבלבלים בנות לאימהות נרקיסיסטיות,
שחוזרות פעם אחר פעם לקבל אישור למי שהן, מחפשות אהבה
במקום שאין בו אהבה ונפגעות פעם אחר פעם.

פרק 2: אהבה התלויה בדבר

מה זאת אהבה? איך יודעים שאוהבים? איך מעניקים אהבה?

כששאלתי את אמא שלי מהי אהבה, היא חשבה ששאלתי - מהי התאהבות. "התאהבות היא משהו עם פרפרים בבטן", ככה אמא שלי תיארה לי אהבה. היא אמרה לי כשהתאהבתי בפעם הראשונה שהיא מקנאה בי, למרות שהתאהבתי במישהו שלא החזיר לי אהבה. כשהייתה לי כבר אהבה הדדית אמא שלי ממש לא אהבה את זה. כשעברתי לגור עם בן זוגי אמא שלי הזהירה אותי: "הוא רק ינצל אותך ויום אחד הוא יזרוק אותך, ואז מי ייקח אותך?" האם לא עלה בדעתה של אמי מצב הפוך או מצב שבו נחיה באושר עד לסוף ימינו? או מצב שבו אני אבחר שלא לחיות עם אותו בן זוג? אני זוכרת את המילים שאמרה לי אז היטב, הן חידדו את ההרגשה שלי שלא הייתי ראויה לאהבה.

במשך שנה התגוררנו בן זוגי ואני בתל אביב, והתחננתי שמשפחתי תבוא אלינו לארוחת ערב. בפעם היחידה שאמי הגיעה עם אבי, היא ישבה על קצה הכיסא כדי שהטומאה לא תדבק בה. בשנה שלאחריה גרנו באנגליה, אמא הגיעה בשמחה לביקור ואפילו התגוררה איתנו תחת קורת גג אחת בדירתנו הקטנטנה והצפופה (כאשר עדיין לא היינו נשואים). היא הייתה הרבה יותר מודאגת מ"מה יאמרו?" מאשר מהאושר שלי.

אמא לא דיברה איתי על אהבה, ועל חברות. האמנתי שאינני ראויה לאהבה. היא לא ממש מבינה מה זאת אהבה, אינני באה

אליה בטענות, חלילה, היא בטוחה שהיא יודעת מה היא אהבה,
אבל אין דבר בין מה שנחשב בעיניה לאהבה ובין אהבה אמיתית.
אמי איננה מסוגלת לראות בי אדם נפרד ממנה, ולכן אינה מסוגלת
לראות דבר שהוא לטובתי אם הוא איננו לטובתה. התווכחנו לא
מעט בנושאים שבהם לא הבנתי איך אמי איננה חושבת עליי ועל
מה שאני רוצה, אלא על מה שיהיה לה טוב. בכל פעם שהרצון שלי
היה מנוגד לרצונה, היא נהגה במניפולציה או בהתפרצות או בכל
התנהגות מוזרה אחרת שבדרך כלל הבהילה אותי מאוד. כילדה
נטיתי לעשות כרצונה, אך ככל שהתבגרתי בחרתי יותר ברצונותיי
שלי, למרות המחיר הכבד ששילמתי על שלא עשיתי כרצונה.

תקופות ארוכות אמי החרימה אותי. בכל פעם שהייתה לי איזו
חברה קרובה, הזהירה אותי אמי מפניה וחזרה ואמרה שאין לסמוך
על חברות אלא רק על משפחה. מזל גדול היה לי שמעולם לא
הקשבתי לה. חברותיי הן חלק משמעותי מחיי.

חוסר היכולת לאהוב

ביטויי האהבה שלה כלפיי או ליתר דיוק, יחס נעים וחיובי, היו תמיד
תלויים בדבר. כל כך רציתי להיות ילדה טובה, תלמידה טובה, חכמה,
חרוצה ולא היה לי קל. הייתה לי הפרעת קשב וריכוז בלתי מאובחנת,
בעצם אבחנתי את עצמי רק לאחר שבני הבכור אובחן כלקוי למידה.
אמא העניקה לי יחס שקרוב בהגדרתו לאהבה רק כאשר יכלה לנכס
את ההצלחות שלי לעצמה. היא מעולם לא אמרה לי שהיא אוהבת
אותי או דאגה להעניק לי הרגשה שאני מוצלחת מאיזושהי בחינה.
כשילדתי את בני השלישי חל סיבוך בלידה הקיסרית וההחלמה הייתה
ארוכה וכואבת. אמא שלי חזרה פעם אחר פעם בחיוך על המשפט,
כי בני "שווה כל קריעה". המשפט הזה גורם לי לבחילה עד היום

הזה. ברור שבני הוא אוצר, ראוי לכל מכאוב, אך אני בתה, איזה מן משפט לומר לבתך על סבלה? משפט שמעלה את בתך לעולה.

כשסיימתי את התואר השני בגיאוגרפיה הייתי כבר אם לשלושה בנים. הזמנתי את אמי לטקס הסיום. כשהגיעה וראתה שאינני ברשימת הסטודנטים המצטיינים שאלה בכעס מדוע לא סיימתי בהצטיינות (אז אולי הייתה יכולה להשוויץ מול חברותיה, לא שהייתה לה בעיה לשקר). כשסיימתי את התואר השני בספרות עברית ישבה אמא שלי בקהל ולא הפסיקה להפריע.

ליום חתונתי הגיעה אמא שלי כפי שהיא אמרה "מסטולית" מכיוון שלקחה כדורי הרגעה. אני הייתי מרכז העניינים ולא היא. הדרך שלה להפוך למרכז הייתה להדגיש את אומללותה בפני המשפחה המורחבת, בדרך הזאת ניסתה לזכות בתשומת לבם. את יום נישואיי לא אשכח לעולם. הרי זה אחד הימים המשמעותיים ביותר והשמחים ביותר בחייה של אישה צעירה. ביום זה קמתי בבוקר ונסעתי לחצר ביתם של דודי ודודתי, שם נישאנו. סידרתי פרחים לבדי. בעלי לעתיד נסע בבוקר לענייניו, החלטנו שנבלה את היום בנפרד. כאשר סיימתי לסדר את הפרחים נסעתי למספרה לבדי, אחר כך נסעתי לדירת הוריי, שם חיכתה לי חברה של גיסתי לשעבר, שאיפרה את כל הנשים.

אחר כך יצאנו לחתונה, בלי מילה אחת של אהבה או גאווה או התרגשות. זאת הייתה החתונה שלי, היום שלי ולא שלה, כמה עצוב. מה שמזעזע אותי כשאני מתבוננת לאחור אל היום הזה, הוא העובדה שלא הרגשתי לבד, ושלא הייתי זקוקה אפילו למישהו שיבלה איתי את היום הזה ויכין אותי לקראתו, שיפנק, יאהב ויעצים. העובדה העצובה שלא חשבתי אפילו שמגיע לי משהו היא מזעזעת מבחינתי. אינני יכולה אפילו להעלות על דעתי שכשבניי יעמדו תחת חופתם, לא אנסה לשמח ביום חגם, תוך נתינת מרחב לרצונותיהם.

ירושה כבדה - גם האהבה שלי לעצמי היא לא חסרת תנאים

העובדה שאמא שלי אהבה אותי אהבה שתלויה בדבר היא מכאיבה ופוגעת, זאת גם לא באמת אהבה. היה לי מזל גדול כי ידעתי שאבי אוהב אותי ללא תנאי. אבי לא אמר מעולם שהוא אוהב אותי או את אחיי, הוא לא היה איש של מילים כלל, אבל הנתינה שלו הייתה בעיניי זכה ונטולת אינטרסים. אני חושבת, ממרום שנותיי, שעד היום אני לא ממש יודעת "לתרגם" התנהגויות כלפיי. מובן שיש רגעי קירבה עם אנשים שונים, אבל בדרך כלל ברגעים האלה יש אצלי ניצוץ חולני שתוהה, מה הם צריכים ממני?

עובר זמן רב עד שאני מרגישה שאני יכולה לבטוח במישהו שמעניק לי אהבה, ובכל זאת, מדי פעם, אני מוצאת את עצמי תוהה מה מוצאים בי אלה שאוהבים אותי? אפילו האהבה שלי לעצמי, ככל הנראה, תלויה בדבר. קשה להיגמל מהרגלים רעים. מדי יום, באמצעות דיבור עצמי חיובי, אני מנסה לשכנע את עצמי שאני אכן ראויה לאהבה החפה מכל אינטרס, אהבה זכה כזאת, כמו זאת שאבי אהב אותי. זאת עבורי הדרך לנסות ולשנות את המשוואה הבעייתית הזאת.

פרק 3: ההתמודדות כילדה לאמא נרקיסיסטית

אם אין אני לי מי לי?

הדרכים להתמודדות של ילדות לאימהות נרקיסיסטיות הן שונות. יש הבורחות לשימוש במשככי כאבים, לסמים, נאבקות בדיכאון כרוני ועוד. מי שלא נלחמת נופלת ונבלעת. אני נלחמתי כלביאה, תמיד, ובכל מצב, גם כשהיה צריך וגם כשלא. התווכחתי כל הזמן ועמדתי מולה והוכחתי אותה כששיקרה. הפרדתי הפרדה גדולה ביני ובינה, ובסופו של דבר עשיתי ככל העולה על רוחי. על כל זה שילמתי מחירים לא פשוטים.

מגיל צעיר מאוד היו לי "תנועות עצבניות" כמו שקראה להן אמא. היא לא הבינה למה אני ילדה: "עצבנית", "חסרת שקט" ו"מרדנית", ומזל גדול שהייתי מרדנית, אילו זה היה תלוי בה, הייתי עד היום המשרתת האישית שלה, מסתתרת מתחת לסינר שלה.

הגוף ביטא את המצוקה שלי, הגוף מבטא את מה שהרגש לא יכול להביא לידי ביטוי. כססתי ציפורניים, זזתי ללא הפסקה, לא יכולתי לשבת במנוחה. אמא רק העירה שאפסיק עם זה, מעולם לא עלה בדעתה שיש לכך סיבה טובה.

היא לא הייתה מעולם אדם צפוי. היא הייתה יכולה לחבק ולסטור, היא הייתה יכולה להשליך כלים על הרצפה ועלינו, להשליך נעליים. פעם זרקה לכיווני מגהץ, אינני זוכרת מה אמרתי ואולי אף התחצפתי. אני זוכרת שברחתי מהבית לכמה ימים, הלכתי את כל הדרך מביתנו

בהרצליה לביתה של דודתי ברמת השרון. במשך שלושה ימים סירבתי לחזור הביתה. הייתי אז בת שבע־עשרה אני חושבת. מה שמדהים אותי עד היום הוא העובדה שלא היה אפשר לראות מבחוץ את מה שהתחולל בתוך הבית. אמא נראתה טוב תמיד, מטופחת, חברותית מאוד, נעימה. קל מאוד להסתיר את מה שמתחולל בבתים של אחרים.

אבי היה חלש, לא יכולתי לצפות ממנו לדבר. המשפחה המורחבת לא הייתה יכולה לדעת ולראות, הרי מראים את מה שרוצים להראות, ובין מה שמראים ובין מה שבאמת קיים אין הרבה קשר. ילדות לאימהות נרקיסיסטיות מבינות מגיל צעיר מאוד שהן לבד. שאם הן לא ירימו את עצמן אף אחד לא יעשה את זה עבורן. תובנה כזאת מכאיבה לי כשאני חושבת על עצמי כילדה לעומת האמא שאני היום. לילדיי יש גב איתן, והם יודעים זאת.

כילדים אנו חושבים שאנחנו גדלים במשפחות ככל המשפחות האחרות. ילדים לא ממש יודעים להבדיל בין סוגי המשפחות. הם צריכים להתמודד ולהסתדר במציאות שנולדו לתוכה. ילד שנולד למשפחה שהאם בה היא נרקיסיסטית לא מבין ממש שהמשפחה שלו חולה.

כילדה, בלי להבין ממש מדוע, ידעתי מגיל צעיר שעליי לסמוך על עצמי, לשתף כמה שפחות בקשיים ולהתמקד במה שרציתי לעשות. באופן כללי אפשר לומר שעשיתי ככל העולה על רוחי כשהדברים נגעו לדברים שהיו חשובים לי. לא הייתי ילדה מרדנית או פרועה אבל התעקשתי ללכת בדרכי, גם אם ההורים שלי הביעו התנגדות. היה לכל זה מחיר. מחיר של מתח, של דימוי עצמי נמוך אבל גם של חוסן פנימי, כי ידעתי אז ואני יודעת היום שגם אם אני נשברת לפעמים, אני יודעת לאסוף את עצמי ולהמשיך הלאה. ילדים לאימהות נרקיסיסטיות מנסים לשרוד בתנאים הללו. אין להם ברירה אחרת. זה או להיבלע או להילחם, אני נלחמתי ושילמתי, ואני עדיין משלמת, מחיר כבד.

דימוי גוף - את חייבת לעשות משהו עם הגוף שלך...

והיה הגוף שלי. הגוף הזה שהפריע כל כך. שלא היה רזה (לפי דעתה), שהתפתח מוקדם. לא היו לי עיניים בצבע הנכון, לא הייתי בגובה הנכון, החזה שלי היה הרבה יותר מדי גדול.

"את חייבת לעשות משהו עם הגוף שלך..." זה המשפט ששמעתי מאמי בכל פעם שהלכנו לקנות בגדים. "אי אפשר ככה, את חייבת לעשות משהו עם הגוף שלך". לפעמים זה היה: "את דומה למשפחה של אבא, לא לי. קיבלת את השוקיים של הדודות שלך". אני תוהה מה עבר בראשה כשאמרה משפטים כאלה. אף פעם לא נאמר לי שאני יפה. אף פעם לא נאמר לי שאני נהדרת או אפילו טובה מספיק. אף פעם לא נאמר לי שום דבר טוב עליי. נאמרו דברים על מה שעשיתי או שלא עשיתי אבל לא על מי שאני באמת, אני לא זוכרת שום דבר כזה. גם אילו היה לי לדעתה את 'הגוף הנכון', האם אז הייתה מפרגנת? התשובה לכך ברורה. לא היה קשר בין המראה שלי למסרים שעלו מדבריה של אמי בנוגע לגוף שלי.

דימוי גוף הוא נושא מסובך אצל בנות בכלל, ואצל בנות לאימהות נרקיסיסטיות בפרט. בנות כמוני לא זכו לטיפוח, לא זכו למילה טובה, לעידוד, לקבלה, ולכן אצלן נושא דימוי הגוף מורכב אפילו יותר. היו תקופות שבהן הרעבתי את עצמי כדי להיראות "חתיכה", דבר שלא גרם לאמי לומר לי מילה טובה. והיו תקופות שאכלתי ללא גבולות, מפצה על כאבים נפשיים.

אימהות נרקיסיסטיות, כמו המלכה הרעה בשלגייה, נבהלות כשבנותיהן הופכות לנערות, הנשיות המתפתחת אצל בנותיהן קשה עבורן. הן מתחרות בבנותיהן, ולכן יעשו כמיטב יכולתן לדכא את הצד הזה אצל בנותיהן. "אי אפשר עם הגוף הזה שלך" או "את

חייבת לעשות משהו בנוגע לגוף שלך" הם משפטים ששמעתי פעמים רבות (אחותי לא "זכתה" למתנה הזאת, לעומת זאת היא "זכתה" למתנות אחרות בנוגע לחוכמתה). כנערה לא אהבתי את הגוף שלי, ניסיתי לכסות אותו בבגדים רחבים שטשטשו את קווי הגוף שלי, אבל גם את זה אמא לא אהבה. היא כעסה על שאני לבושה "בסמרטוטים". אני זוכרת שנלחמתי בה פעמים רבות על מה ללבוש לאירועים. המלחמות הללו לוו בהרבה מאוד השפלות ועלבונות. המסקנה שלי בנוגע לזה הייתה שמה שלא אעשה אני לא בסדר.

כנערה צעירה, כבר בגיל ארבע־עשרה, הלכתי ל'שומרי משקל'. אני זוכרת שהלכתי לבדי, זוכרת שנרשמתי בעצמי (בעידודה של אמי). אני מתבוננת בתמונות שלי מאותה תקופה ולא מבינה בכלל למה הלכתי לשם. לא הייתי רזה או שדופה אבל גם לא עם עודף משקל.

בתקופה ההיא אמא שלי "החליטה לעזור לי לרזות". היא הכינה עבורי סלטים דיאטטיים, ולצדם קובות ומאכלים שבינם ובין שמירת משקל אין קשר.

בעיות עם דימוי הגוף שלי מלוות אותי מאז שאני זוכרת את עצמי. ביומן שכתבתי מגיל עשר (כתה ד'), אני כותבת ש"התחלתי דיאטה של מיץ אשכוליות". אני קוראת ואני המומה מהמסרים שקיבלתי. אמא שלי עצמה סובלת מהפרעות אכילה. מגיל צעיר ניסתה ללמד אותי להקיא (ואחר כך ניסתה בהיחבא ללמד את בני). אחרי ארוחות גדולות היא הייתה מכריזה ש"היא הולכת להכניס אצבע" כי אכלה יותר מדי. לפני כמה שנים גילה לי בני הבכור שהיא לימדה גם אותו להקיא, הזדעזעתי עד לעמקי נשמתי. רק פלא בעיניי שלא הגעתי למצבים קשים יותר הקשורים בדימוי גוף.

אמא שלי רואה חשיבות רבה במראה החיצוני שלה. היא תמיד

מטופחת, ומספרת על גברים שמחמיאים לה על מראה הצעיר, על עיניה היפות. הקליפה חשובה לה הרבה יותר מתוכנה.

מדוע אימהות נרקיסיסטיות מעבירות מסרים כל כך לא בריאים לבנותיהן?

במאמר "בנות לאימהות נרקיסיסטיות - מורשת של כאב פסיכולוגי"[3] דוקטור לינדה מרטינז-לוי מדברת על דימוי הגוף של בנות לאימהות נרקיסיסטיות. היא טוענת שהקנאה היא המוטיב החזק ביותר בקשר שבין האם לבתה. קנאה בכל זמן ובכל מקום ומצב. המצב נעשה מורכב וקשה יותר כאשר הבנות מגיעות לגיל ההתבגרות והופכות מילדות לנשים. האם מרגישה בתחרות עם בתה, ולכן מנסה לחבל בדימוי הנשי של בתה בכל דרך אפשרית.

האם אני רואה את עצמי היום בריאה מבחינת התפיסה הגופנית שלי?

התשובה לכך היא מורכבת. נושא המשקל הוא נושא שמלווה אותי כל חיי. לילדיי השתדלתי להחמיא והשתדלתי לחזק את ביטחונם בנוגע ליופיים החיצוני והפנימי, אבל מבחינת הדוגמה האישית שנתתי להם, אני חוששת שהם ראו אם שנאבקת באופן קבוע ועיקש במשקלה. קשה מאוד להתנתק מהמקום שבאת ממנו. אני חושבת שמודעות לנושא וחשיבה במונחים של בריאות במקום של השמנה או של דימוי גוף מסייעות מאוד להתמודדות. היום הבריאות הגופנית והנפשית חשובה לי מאוד.

אני מבינה שככל הנראה יתקיים אצלי לעולמים מאבק פנימי בנוגע לנושא הזה, אך הדבר החשוב שהשתנה הוא הקבלה שלי את עצמי כמו שאני, ללא שנאה עצמית. משקל הוא רק משקל, ועלייה או ירידה לא יגרמו לי להיות מאושרת יותר או פחות, אלא רק בריאה יותר או פחות.

3 ד"ר מרטינז-לוי ,לינדה, בנות לאימהות נרקיסיסטיות - מורשת של כאב פסיכולוגי. אוחזר מתוך www.macom.org.il/members/ilana

המשקל לא קובע מי אני או מה אני כאדם, וחשוב לי היום
לאהוב את מי שאני - גדולה יותר או פחות. מה שהשתנה לאורך
השנים הוא הקבלה העצמית והאהבה העצמית. אני חוזרת על
מנטרה קבועה שלא מובנת לי מאליה: "אני ראויה, אני טובה
מספיק, אני ראויה לאהבה."

מחיר הבושה

להרגיש נטע זר

אין לאף אחד בעולם זכות לשלוט במישהו, להשפיל, להעליב,
להכאיב ובעיקר לבייש. אני חושבת שהבושה הייתה הרגש העיקרי
שהרגשתי כילדה. התביישתי בגוף שלי, באופן הדיבור שלי,
בחולשות שלי, בכישלונות שלי, בכך שאני לא טובה מספיק.
התביישתי בעצמי והתביישתי בסובבים אותי. לא הרגשתי שייכת,
תמיד הרגשתי נטע זר. אני מאמינה שגם נראיתי לבני המשפחה
שלי כך.

רגש של בושה מציף אותי ללא כל אזהרה מוקדמת. תחושת
בושה במי שאני, בושה באמי, בושה בעובדה שעד היום לפעמים
אני מרגישה לא ראויה. אלה הם הדברים שחוויתי מגיל צעיר.
בושה מסייעת לשולט לשלוט, זהו רגש שקשה מאוד להתנתק
ממנו, והוא מלווה אותי במשך חמישים שנותיי. אני תוהה איך זה
אצל נשים אחרות.

מצרחה לקול - למצוא את הקול שלי

כשהוריי עברו מהדירה ברמת גן לבית בהרצליה קרה משהו שהשפיע עליי מאוד. הייתי אז בת ארבע־עשרה, וכמו כל ילדה בגיל זה חששתי מאוד מהמעבר. דודתי, שהתגוררה אז ברמת השרון, אמרה לי באחת השיחות שאני אצטרך לשנות את צורת הדיבור שלי, מכיוון שבהרצליה מדברים אחרת. שנה שלמה פחדתי לדבר בעקבות השיחה הזאת, גם כשהתאומות בהרצליה ירדו לחיי מדי יום. פעם אחת יצאנו מטעם בית הספר להצגה באחד התיאטראות בתל אביב. אני לא זוכרת אפילו מה הן אמרו לי, אבל אני זוכרת שבכיתי כל הדרך הביתה, וכשהגעתי ואמא שלי ראתה אותי בוכה, היא הייתה בטוחה שאנסו אותי. היא שאלה בבהלה: "מה קרה?" סיפרתי, אך אני לא זוכרת אפילו את תגובתה.

אני יודעת שהיא לא עשתה דבר: לא הלכה לבית הספר, לא דיברה עם ההורים של אותן בנות, כלום. כרגיל, התמודדתי לבד, לגמרי לבד. פעם אחת, בהפסקה, נשארתי לשבת בכיתה והן התחילו שוב להציק לי. אני זוכרת שצרחתי, בלי שום פרופורציות. הן כל כך נבהלו שלא דיברו איתי מאז ועד לסיום כיתה יב׳.

הבנתי **שאם לא יהיה לי קול, לא יהיה לי דבר.** לצערי השמעת קולי לא תמיד הייתה נעימה לשומעים. כילדה קיבלתי עליי את תפקיד "לוחמת החופש והצדק החברתי - המוציאה לאור של האמת". כשאני חושבת על הילדות שלי ועל התפקיד שמילאתי, אני מבינה שתמיד ניסיתי למצוא את האמת בין כל השקרים והסודות, בין ערימות המילים הריקות, ובתוך זה להבין מי אני במשפחה שאליה נולדתי ושבה גדלתי. אני חושבת שזאת הייתה הסיבה ששתקתי או שצעקתי, לא הצלחתי למצוא את הקול שלי.

עוד קודם לכן הבנתי שאם לא אגן על עצמי, אף אחד לא יגן

עליי. אחת הבעיות של בנות לאימהות נרקיסיסטיות היא שהן מוותרות מראש. **הן לא מעיזות אפילו להשמיע קול.** הן לא מבקשות עזרה כי הן יודעות שאין ממי לבקש. גם היום, כשקשה לי, אינני מבקשת עזרה אלא מסתגרת. למזלי הטוב, יש לי בן זוג שמצליח להוציא אותי מקליפתי ולהושיט יד. **כילדה לאי־השמעת הקול היו תוצאות כבדות**, ביניהן: דימוי עצמי בעייתי, קושי לסמוך על אנשים, קושי בבתינת אמון. מה שיצר תחושה של מלחמה פנימית, שבה אני נלחמת או נעלמת, וזה הביא בשלב מאוחר יותר למרד - אני מרדנית ודעתנית כשצריך וגם כשלא צריך.

פרק 4: הפנים הכפולות של הדמיון

כוחו של הדמיון

כשהייתי ילדה, כמו ילדות רבות אחרות, אהבתי לשחק במשחקי דמיון. אהבתי מאוד לקרוא ספרים על ילדות אהובות ועל אימהות מגוננות, על אבות אוהבים ומגוננים, ואף נהניתי לקרוא על ילדות מרושעות ועל אימהות שאהבו אותן ללא תנאי, למרות היותן כאלה. דמיינתי עתיד שבו אהיה נשואה למישהו שיאהב אותי, ושיהיו לנו ילדים חמודים שאוהב ושיאהבו אותי חזרה.

הדמיון היה המקום שאליו ברחתי כשהיה לי קשה וכואב. לאחר משחקי הדמיון העולם היה נראה טוב הרבה יותר, ואז יכולתי לחזור ולהתמודד עם היומיום. הדמיון עזר לי בבגרותי ליצור את החיים שאליהם שאפתי.

דמיון הוא כלי נפלא שבו אני משתמשת עד היום הזה בכתיבה, כשאני נהנית ממשהו, כשקשה לי עם משהו, זהו כלי ייחודי ומופלא. דמיון הוא כלי לשימוש עבור כולנו. כשאני כותבת שהדמיון היה כלי שהשתמשתי בו ואני משתמשת בו גם היום, אני מתכוונת לדמיון מודרך. נעזרתי בכלי הזה כילדה ולא ידעתי שאני נעזרת בכלי המשמש לטיפול, ולמעשה בעזרת הדמיון נתתי לעצמי מזור מקושי, מכאב, מהזנחה רגשית ומהתעללות. דמיון הוא מקום בטוח לחלוטין אצל כל אדם. אין לאיש בעולם אפשרות להיכנס לראשנו ולקרוא את המחשבות שלנו. הדמיון היה עבורי מקום פרטי מאוד שאמי לא יכלה לחדור אליו, הוא היה רק שלי.

גם היום, בכל הדרך הארוכה שעשיתי ושאני עדיין עושה, בעזרת הדמיון אני יכולה לטפל בעצמי בחלקים מסוימים. דוגמה לכך אני יכולה לתת מניסיונה של קריל מקברייד, אשר במסגרת הטיפול שלה בעצמה, כבת לאם נרקיסיסטית, קנתה בובה ודמיינה שהיא הילדה שהייתה. היא ישבה איתה שעות רבות, מרגישה, מעצימה, ובעצם עוברת בזעיר אנפין את הדרך שאם מעצימה ואוהבת עוברת עם בתה. גם לה וגם לי היו אימהות שלא היו יכולות לעשות את זה עבורנו.

בעזרת הדמיון אפשר להביא לריפוי החלקים הכואבים הללו, ומאוחר יותר, לאחר תהליך של אבל על הילדות שלא הייתה לנו, אחרי ההשלמה והסליחה, קל הרבה יותר להמשיך הלאה.

הדמיון ככלי לתיקון

היה לי דמיון מפותח, שלקח אותי למקומות שמחים ויפים - שבהם אנשים דיברו בנימוס זה לזה, אהבו, חיבקו ונישקו ולא צעקו; למקומות שהיו שלווים וצפויים, שבהם לא אירעו דברים מטורפים כל חמש דקות. בעולם הזה האבות התנהגו כאבות, ואימהות כאימהות. אימהות אהבו את בנותיהן, דאגו להן, ליטפו אותן ופרגנו להן.

את העולם הזה גיליתי בספרים ומאוחר יותר גם בסרטים. רגשות של חום, הנאה וביטחון עטפו אותי כשקראתי או כששיחקתי במשחקי דמיון עם ילדי השכנים או עם בני הדודים. אז, העולם היה באמת יפה ומגונן. אהבתי שירה, ואהבתי לשיר. אהבתי להקשיב בכל יום בשעות 14:00-16:00 לתוכנית הרדיו "לאם ולילד", בשעות האלה הכנתי שיעורים והקשבתי לסיפורים ולשיחות מעניינות, ויכולתי שוב להיות בעולם נעים ורגוע.

הדמיון הוא לא רק כלי להישרדות או לניגוּת, הוא כלי למציאת שלווה, הוא כלי לתיקון, הוא כלי לבקשת מחילה והוא כלי לסליחה. סלחתי לאמא שלי. סלחתי לה, אבל זה לא אומר שאני לא נזהרת או שלא אזהר. כל עוד אמי חיה, אני נזהרת כשאנחנו בקשר. היום אני כואבת הרבה פחות את העובדה שלא הייתה לי אם מגוננת, ואני מסוגלת להבין את המצוקות שלה ואת הקשיים שלה ולסלוח.

הדמיון הוא מתנה ענקית. יש בו חופש מוחלט. אני יכולה - ויכולתי בעבר - לשתף דברים שעולים בדמיוני ואני יכולה לבחור שלא לעשות זאת. בדמיון שלנו אנחנו יכולים ללכת לכל מקום שנרצה, להיות מי שאנחנו רוצים, לטפל במצבים ככל העולה על רוחנו, אנחנו חופשיים.

לאמא שלי לא הייתה כל גישה לדמיון שלי, ולכן היה זה המקום היחיד שבו הייתי חופשייה לעשות ככל העולה על רוחי בלי שהיא תוכל לשלוט בי. הדמיון הביא מזור ללבי והעניק לי רעיונות לדרך אחרת ולחיים אחרים. גם היום אני משתמשת לעתים בדמיון (למטרת רגיעה) ברגעים קשים, לשמחתי, הרבה פחות מאשר בילדותי, מהסיבה הפשוטה שאין בכך צורך.

הדמיון הביא אותי, בסופו של דבר, להיות סופרת. הכתיבה ליוותה אותי כחברה קרובה מיום שידעתי לכתוב, אך לא עלה על דעתי כילדה צעירה שיום אחד אכתוב ספרים, ארצה ברחבי העולם ואתמוך בסופרים צעירים. מגיל צעיר כתבתי שירים וסיפורים אבל להפוך לסופרת היה תהליך ארוך מאוד שנבע מהדחף לצדק.

"בת עיראק", ספרי הראשון, מפריך את התפיסה הספרותית והחברתית שהייתה קיימת עשורים רבים בתיאור נשים מזרחיות כחלשות וכנדכאות. התחלתי לכתוב והכתיבה נמשכה כחמש שנים, שבסופן יצא הספר לאור וזכיתי עליו בפרס מטעם 'יהדות עולי בבל'. משם והלאה כבר הבנתי שזאת השליחות שלי, וזה המקצוע

שחיפשתי במשך שנים ארוכות. כיום אני עושה ככל יכולתי לתמוך בכותבים צעירים, וכמו בספר הזה, גם בבנות לאימהות נרקיסיסטיות, כמוני. וכך מה שהציל אותי בילדותי הפך בהמשך לכוח ליצירה ולדרכי המקצועית.

הדמיון ככלי לניגוח ולהשפלה

המשפט "את מדמיינת" מכאיב לי עד היום. אמא השתמשה בו ככלי לניגוח. המשפט הזה גרם לי הרגיש מושפלת, הוא גרם לערעור רגשותיי וזיכרונותיי - האם אכן חוויתי דברים כפי שאני זוכרת, או ש"דמיינתי" אותם כפי שאמא טענה?

כשפניתי לאמי בטענה מסוימת היא התנערה ממנה מיד. התגובה שבחרה בה הייתה לנגח אותי בטענה שאני "מדמיינת" - לא היו דברים מעולם. היא נהגה להשתמש במשפט הזה פעמים רבות, כנראה כי היא לא יכלה להתמודד עם האשמה או עם אשמה. בכל פעם שהטיחה בי את המשפט הזה יצאתי להוכיח את צדקתי, ונחשבתי במשפחתי ל"לוחמת צדק" - כשאני כותבת משפחתי, אני מתכוונת למשפחה המורחבת. מה שהם לא ידעו היה שכל כך הרבה פעמים נאמר לי שאני "מדמיינת", עד שנאלצתי לחשוב כמה פעמים על דברים שאירעו, ולבדוק אם אכן אירעו או שאמי צדקה ואני "מדמיינת."

בכל פעם שידעתי שאני לא מדמיינת, והדברים אכן קרו, יצאתי בחירוף נפש למלחמה, לא משנה מה היא הייתה: אם זה היה על הזכות שלי לעשות משהו או אם דיברו אליי באופן מבזה, רציתי להוכיח שאכן הדברים התרחשו, שהם אמיתיים, ושהרגשות שלי הם אמיתיים.

עבור אמי היה פשוט הרבה יותר לטעון שאני מדמיינת מאשר

להתמודד, אבל עבורי הנזק היה עצום. כשאומרים לילדה צעירה שמה שהיא רואה במו עיניה או שומעת הוא פרי דמיונה, היא מתחילה לחשוב שאולי אמה החכמה יודעת משהו שהיא לא יודעת, ואם אמה טוענת שהיא מדמיינת, אולי היא אכן מדמיינת?

ואם אני מדמיינת, אולי גם הרגשות שאני מרגישה הם לא אמיתיים? אם אני עצובה או כועסת או פגועה, אולי כל זה הוא בדמיון שלי? כשמשהו כגון זה מתרחש אין מנוס מאשר להדחיק רגשות. כשמדחיקים רגשות לא מרגישים - כשמעלימים ומחביאים רגשות לא אומרים לך שאת "מדמיינת", כשמסתירים רגשות שום דבר לא כואב והכול זורם על מי מנוחות, אמא לא כועסת, ולך כבר לא אכפת מה אמת ומה שקר. את מפסיקה להאמין בעצמך וגרוע מזה, את מפסיקה להאמין לרגשות שלך - מה שגורם לנזק רגשי עצום.

יש פעמים שבהם אני תופסת את עצמי פתאום עם רגשות שפורצים משום מקום. פעם חיכיתי שיירגעו, לא הצלחתי להבין את המקור שלהם, כל כך התביישתי בעוצמה, שלא הבנתי מהיכן היא מגיעה. היום אני עוצרת, מחכה רגע, בודקת מה אני מרגישה, נושמת, ושוב נושמת, ומנסה להבין את המקור של הרגש. לרוב אני מצליחה להבין, מצליחה להבחין - איזה רווח ענקי. הרדמה של רגשות היא מנת חלקן של בנות לנשים נרקיסיסטיות.

כתיבת הדברים הללו גורמת ללבי להאיץ. כתיבת שורות אלה מביאה מחנק לגרוני, זוהי תגובה אוטומטית. התגובה שלי אז הייתה להילחם. נלחמתי בחירוף נפש על האמת, נלחמתי בחירוף נפש גם על שפיותי, הרי כל כך קל ליפול למקום שאמא מכוונת אותך אליו ולהפוך להיות שבויה שלה. כוח פנימי דחף אותי להילחם, והכוח הזה הוא כנראה מה שהציל אותי.

פרק 5: מחיר ההזנחה בילדות

איך גידלתי את עצמי לבד?

אמא שלי לא הייתה מסוגלת להתמודד איתי או לעזור לי. היא הייתה ממוקדת בחיים שלה ולא הייתה מסוגלת להבין את הקשיים שהיו לי בכל גיל. אני חושבת שהבעיה העיקרית הייתה חוסר היכולת שלה להיות קשובה לצרכים שלי. היום, לאחר הטיפול שעברתי ולאחר הקריאה בספרה של מקברייד, אין לי טענות כלפיה, היא עשתה כמיטב יכולתה, אבל "מיטב יכולתה" פגעה בי מאוד. מגיל צעיר מאוד הבנתי שאני אחראית לגורלי, שאם לא אעשה למעני לא יהיה מי שיעזור לי. לא פעם ולא פעמיים שקעתי לתהומות ולייאוש. זכורים לי כמה מקרים משמעותיים ומהותיים מאוד, שבהם לא ציפיתי אפילו לעזרה, ומובן שגם לא קיבלתי אותה, להיפך.

ניסיתי להצניע את הקשיים ולא לדבר עליהם, מכיוון שכל קושי שלי היה מאפשר לה לנגח ולפגוע, להוכיח לי שאינני ראויה להקשבה. קשה לי להתעלם מהמחשבה שהמטרה הייתה אחת - שליטה. כשהייתי חיילת בת תשע־עשרה הייתי מאוהבת עד מעל לראש במישהו שלא החזיר לי אהבה. הייתי אז חברת גרעין נח"ל, וגם הוא היה חבר גרעין. אמא שלי, שממילא ניסתה לגרום לי לא ללכת לנח"ל כדי להישאר לידה, ניסתה בכל כוחה לשכנע אותי לעזוב ולחזור הביתה. אני זוכרת שנפלתי לבורות רגשיים איומים, אבל נאחזתי ממש בשיניים, לא ויתרתי וסיימתי את המסלול. היה לזה מחיר נפשי לא פשוט, הרגשתי אכזבה קשה, שהייתה מעין אישור לזה שלא הייתי ראויה לאהבתו; אך לעצמי הוכחתי שאני חזקה מזה, ויכולה לצאת ממצבים קשים.

קשה לי להבין ועוד יותר קשה לי לקבל את זה, במיוחד עכשיו, כשאני עצמי אם לבנים בוגרים וטובתם עומדת מעל לכול. אני כותבת וחושבת שוב על הילדה שבי, האם באמת לא הייתי ראויה לאוזן קשבת, לאהדה, לאמפתיה, להבנה?

ההזנחה הרגשית ליוותה אותי מגיל צעיר. כשאמא כעסה עליי היא נהגה להשליך אותי אל הרצפה, וצעקה עליי שהיא לא אמא שלי יותר, שאלך מפה. היא עשתה דברים זהים לאחים שלי. כשהחרימו אותי בבית הספר, הייתי רק בת תשע, תלמידה חדשה בכתה ד'. לא זכור לי אם שיתפתי אותה, כבר אז הבנתי שאני לבד.

כשהתאכזבתי מחברות היא אמרה שאסור לבטוח בחברות, כשהיה קשה עם מורים היא לא עשתה דבר. כשדיברו אליי בגסות או העליבו, היא הצטרפה לצחקוקים, כשלא רציתי לעשות משהו שהיא רצתה שאעשה, היא החרימה אותי.

היא דאגה להסית את המשפחה נגדי בכל פעם שההעדפות שלה היו שונות משלי. לצערי הרב, זה נמשך גם כיום, כשהיא בת שמונים ושתיים ואני בת חמישים. היא מעולם לא קיבלה אותי ולא כיבדה את העדפותיי, בחירותיי, דעותיי או מחשבותיי. מגיל צעיר מאוד הבנתי שאין מי שיגן עליי, ולכן עליי להגן על עצמי בעצמי. הייתי לוחמת חופש, מרדנית, ועמדתי על דעתי למרות דורסנותה.

ילדות שמורגלות לעמוד לבדן, להגן על עצמן, מצפות למעט מאוד מהעולם. הן מבינות שהאחריות לחייהן מוטלת עליהן בלבד. מי שלא נשברת נעשית חזקה ועצמאית, ומי שנשברת, כל חייה נשברים עימה. ילדות מסוג זה לומדות להרדים את הרגשות שלהן, בכל צורה שהיא, כדי שלא יכאב. יש שעושות זאת על ידי התמכרויות שונות - למזון, לסמים, למין ולדברים נוספים. לי היו דרכים מעניינות להרדים את הכאב - תנועות עצבניות, לא

רצוניות, כעס נורא, על הכול ורוב הזמן. למדתי להדחיק רגשות, לסלק אותם, כי אם הם אינם הם לא יכאבו. והיה לי החדר שלי לברוח אליו עם מוזיקה ושקט. כל מה שרציתי היה שיניחו לי. מעבר לזה, היה לי מזל גדול, הרי יכולתי להידרדר, ואולי במידה מסוימת כן הידרדרתי, אלה היו תהומות רגשיים, אבל הייתה לי תושייה וגם בן זוג אוהב ותומך; הבנתי שאני צריכה לטפל בעצמי. אני חושבת שאילולי טיפלתי בעצמי לא הייתי כאן היום. כן, עד כדי כך.

עד היום, כשמישהו איננו מדבר אליי בכבוד, אני מוצאת את עצמי עומדת ומתפלאת על האומץ ועל החוצפה לדבר אליי בלשון לא נעימה, אך לא מסוגלת להפסיק התנהגות כזאת כלפיי. הכעס עולה בי אחרי שכל זה נגמר. אני כועסת על עצמי על שלא ידעתי להפסיק מיד את ההתנהגות הלא נעימה כלפיי. זה מאפשר לאנשים לעשות זאת שוב ושוב, וזה גורם לי לסגת למקום של הילדה הקטנה וחסרת האונים. אני מבינה זאת בראש אך לא בלב. הפערים הללו קיימים תמיד, לאורך כל השנים - הפער בין הראש להבנה לרגש.

מלבד הזנחה רגשית הייתה גם הזנחה פיזית, לא כזאת שרואים מבחוץ. כלפי חוץ אימהות נרקיסיסטיות מקפידות להיראות נפלאות, ובנותיהן לבושות בבגדים נקיים. יישרו לי את השיניים (אבל נאלצתי לנסוע באוטובוס לבדי לרופאת השיניים שהמרפאה שלה הייתה בעיר אחרת, למרות שביקשתי לא לעשות זאת - הייתי בת אחת־עשרה). כשהייתי חולה הלכתי לרופא לבד, ממש מגיל צעיר (שוב, למרות שביקשתי שלא...). היו לי בעיות הורמונאליות מגיל שתיים־עשרה, כשקיבלתי מחזור בפעם הראשונה. הייתי מתעלפת בבוקר הראשון של המחזור מדי חודש. אמא שלי לא העלתה על דעתה לקחת אותי לרופא. כל ה"תנועות העצבניות" לא טופלו, התגובה להם הייתה הערות וצחקוקים. קנו לי בגדים

חדשים, זה כן. כלפי חוץ הרי היו צריכים לראות שאני לבושה יפה "ומטופלת", מעבר לזה לא היה הרבה.

כשמדברים על הזנחה רגשית, זה לא רק חוסר תשומת לב, מדובר בהתעלמות מרגשות, ביטול של רגשות, בטענה שהם לא רלוונטיים, לא חשובים ועוד. גם הצלחה והישגים אינם זוכים ליחס, אלא אם כן, ההצלחה נרשמת לזכות אמך. כילדה את גדלה להיות מישהי שרגשותיה לא רלוונטיים, לכאן או לכאן. הדרך של בנות כמוני להתמודד עם חוסר היחס לרגש היא הרדמת הרגש, או אמונה כי איננו ראויות.

מבחינות מסוימות הייתה גם התעללות רגשית. כשמבטלים רגש שלך, זו התעללות, כשמלגלגים על רגש שלך, זו התעללות, כשהמסר הוא שהרגש שלך איננו חשוב או רלוונטי - זו גם התעללות. אמא שלי השוותה אותי פעמים רבות לבנות הדודות שלי, ושאלה מדוע אני לא כמותן.

אליי, כפי שהייתי, לא היה כבוד, ובעצם לא הייתה אהבה.

פרק 6: אבות לבנות לאימהות נרקיסיסטיות

השחקנית הראשית ושחקן המשנה

אבא שלי היה הדמות הגברית הראשונה בחיי. אבא נתפס בעיני
כחלש, חלש מכדי לעזור לי, חלש ביכולת להסביר לי דברים שלא
ידעתי או שלא הבנתי. אבא נתפס כצל של אמא עד כדי כך שהוא
לא היה קיים כמעט. אמנם גדלתי בתקופה שבה אבות היו מעורבים
פחות בגידול הילדים, אך עדיין אבא שלי היה יותר נפקד מנוכח.

אבא פרנס ובישל, אבל בכך הסתיים התפקיד שלו בחיים שלנו.
הוא היה איש טוב אבל לא תפקד ממש כאבא. לא דיברתי איתו
על דבר מלבד על אוכל או נהיגה, אולי קצת על פוליטיקה. הוא
היה ימני קיצוני בדעותיו ולכן היו לנו הרבה ויכוחים פוליטיים.
לא התייעצתי איתו, פשוט לא חשבתי שהוא איש שיכול לתת לי
עצה חכמה. מלבד זאת, הוא לא הרגיל אותנו לדבר איתו, מכיוון
שהיה איש שתקן. אבא שלי לא הראה אהבה, אבל היה לי ברור
שהוא אוהב אותי. הוא לא דיבר הרבה, אבל תמיד ידעתי שאם
אצטרך משהו הוא יהיה שם בשבילי. לזה קוראים אהבה שאינה
תלויה בדבר.

אבי היה איש של שלום. הוא נגרר אחרי אמי אבל מעולם לא
דיבר אליי או עליי בחוסר כבוד. הוא עזר לי תמיד כשביקשתי ולא
שאל שאלות. קשה לי להסביר איך ידעתי שיעזור בכל מה שיוכל,
אבל ידעתי. לא הרגשתי שאני צריכה להתאמץ כדי שיאהב אותי
או יקבל אותי כמו שאני, היה ברור שזה המצב. לעומת זאת, הוא

היה טרוד רוב הזמן בענייניו ולא התעניין במעשינו, בתחביבים שהיו לנו או בכל דבר אחר. אני חושבת שהעובדה שהוא לא ביקר אותי ולא הציק לי נתנה לי הרגשה של שלווה וביטחון.

במאמרים שקראתי הבנתי שבני הזוג של נשים נרקיסיסטיות הם בדרך כלל חלשים ונעדרים, ומבחינה זו אבי לא היה חריג בתפקיד שהוא מילא. הוא העריץ את אמי וסגד לה. אני חושבת עליו כיום, כשאני עצמי אם, ומנסה להיזכר אם אי פעם התווכח איתה בנושא חינוך הילדים, והאמת היא שלא זכורה לי אפילו פעם אחת. חינוך הילדים היה ממלכתה של אמי, כפי שאירועים חברתיים היו המקום שבו זהרה וזרחה. אבי העניק לה את כל המרחב האפשרי, מעולם לא קינא לה ותמיד תמך בה ועמד לצדה.

הנושאים היחידים שעליהם התווכחו היו ענייני כספים ובישול. אבי לא עמד על דעתו באף נושא אחר. אמי אף פעם לא הייתה מסופקת מהמצב הכלכלי, ואבי היה חסר אונים. זה היה המצב התמידי, שגרם לי להישבע שלעולם לא אהיה כמוה.

אבא שלי היה בשלן מצוין. אני לא מכירה הרבה גברים ממוצא עיראקי שידעו לבשל כמוהו. הוא גם אפה, אבל כשזה נגע למאכלים עיראקים מסורתיים אבי היה אלוף, כל מאכל שהוציא מתחת ידו היה ראוי לשבח. עד היום, כל מי שאי פעם אכל ממעשי ידיו מדבר על המאכלים שבישל אבי בעיניים כלות.

יש לי יחס מורכב כלפיו. מצד אחד אני אוהבת אותו, וזוכרת אותו לטוב, ומבינה שעשה כמיטב יכולתו אך מצד שני יש לי גם כעס כלפיו. היכן היה? מדוע לא עזר לי כשהייתי ילדה קטנה? מדוע נעדר ולא תמך? מדוע מעולם לא ביקר באספות הורים? מדוע לא בא למסיבות? אמא שיתפה את שני אחיה בחינוכנו, הם היו מעין דמות אב בשבילי, כשהיא מבטלת את אבי. אני זוכרת את דודי מגיע לאספות הורים - האם זה לא מוזר? לאבי הייתה

חנות, אבל כמעט תמיד היה מי שיחליף אותו אם היה צורך לעזוב לכמה שעות. אני יודעת שזאת הייתה גם תקופה אחרת, שבה אבות היו מעורבים פחות בחיי ילדיהם, אבל יש הבדל בין להיות שם לפעמים לבין לא להיות שם בכלל.

אבא עבד מהבוקר ועד לצהריים, אז היה מגיע להפסקה של אוכל ומנוחה, ובשעה ארבע שב לחנות וחזר הביתה בסביבות השעה שמונה בערב. היו בכל זאת כמה שעות במהלך היום שבהן היה בבית, אך מה שאני זוכרת הוא ארוחה, מנוחה, אפילו לא שלום כשנכנס הביתה. אנחנו היינו צועקים לו "אבא, שלום, תגיד לנו שלום", ואז היה אומר שלום, ופחות או יותר בזה הסתיים הקשר בינינו. כשהיה שב בערב מהעבודה, פעמים רבות בישל עבור היום שלמחרת או צפה איתנו בטלוויזיה. לא זכורות לי שיחות משמעותיות איתו. אבי מעולם לא ידע באיזו כיתה אנחנו לומדים, היינו עורכים לו מבחנים ומתגלגלים מצחוק, כי תמיד טעה. הוא לא היה מעורב בדבר.

בגיל מבוגר יותר, כשהיה זקן וחולה, אבי השקיע הרבה יותר בנכדיו. הוא נדנד אותם שעות על הנדנדה שבחצר הבית, בישל עבור כולנו, בא איתי לקניות ונהג לטייל בשכונה שבה התגוררנו. אבי לא היה איש של מילים אלא של מעשים. אך כשהיינו קטנים, לא עניינו אותו העימותים עם אמי או הקשיים שלנו. הוא הסתפק בכך שאכלנו ושהיינו נקיים.

אבי חלה בסרטן ריאות ונפטר לפני כשמונה שנים. בשבוע האחרון לחייו ביקר אותנו בביתנו בתל אביב. הייתה לו כורסה קבועה שעליה ישב בגינה, וספת עור אדומה שעליה נח בסלון. הספה נמצאת במשרדי עד היום, ומדי פעם גם אני נחה עליה, פעמים רבות חושבת עליו.

בפעם האחרונה שבה ביקר אותנו, ויצא מביתנו באמבולנס

מכיוון שנכנס למצוקה נשימתית, הכנתי קבאב. אבא שלי אהב מאוד קבאב. הנחתי על צלחתו קבאב קטן אחד והתיישבתי לצדו. אבא שלי התבונן בו ואחר כך בי, ושוב בו, ואז אמר לי: "אני לא מסוגל לאכול, אבל אל תגידי לאמא כלום."

את המשפט הזה לא אשכח לעולם. אבא שלי, הנוטה למות, לא חושב על עצמו אלא על אמא שלי, לא רוצה להכעיס אותה ולצער אותה. היא כעסה עליו וטיפלה בו גם יחד. שילוב מוזר ומעניין כאחד.

בשעות חייו האחרונות ביקש אבא שלי לשתף אותי במשהו שחווה בנוגע אליי. כשדמעות בעיניו הוא סיפר לי שכשיצאתי לחיות מחוץ לבית ומצבם הכלכלי של הוריי היה קשה, הוא הסיע אותי פעם לדירה שבה התגוררתי עם בן זוגי. "אמרתי לך", סיפר, "שיש איתי כסף מזומן, והצעתי שתיקחי כל סכום שאת צריכה. ידעתי שאת מפרנסת את עצמך ומשלמת שכר לימוד לאוניברסיטה. ידעתי שקשה לך, אבל את בהתחלה סירבת ואחר כך לקחת חמישים שקלים בלבד, ואותי הותרת שטוף דמעות." לא זכרתי את המקרה הזה, אבל ידעתי שאני יכולה לסמוך על עצמי, ולא רציתי להעמיס על הוריי.

כשמטופלת שואלת את הכיסא הריק, שעליו יושב כביכול אביה: "אבא היכן היית? מדוע לא הגנת עליי?" אין תשובה. מקברייד כותבת בספרה כי: "אבא כרוך אחרי אמא, כפי שפלנטה כרוכה סביב השמש". היא מסבירה כי אישה נרקיסיסטית בוחרת בבן זוג שיאפשר לה להיות במרכז בכל מצב, וָלא - הנישואים לא שורדים.

בדרמה המשפחתית, הנרקיסיסטית היא הכוכבת הראשית, ובן זוגה מקבל את תפקיד שחקן המשנה. ביחסים המוזרים בין הוריי ראיתי את אמי מככבת, כשאבי מאפשר לה זאת ומעריץ את האדמה שעליה היא דורכת.

אמי סיפרה לי פעמים רבות כי נישאה לו מאחר שהיה "הכי נודניק" מבין מחזריה, וגם כי רכש דירה עבורה ליד אחותה ובעלה. היא גם הוסיפה ואמרה: "החלטתי להתחתן ולהשתיק את הלשונות הרעות שדיברו עליי" (היא כמובן מעולם לא ציינה שנישאה בגיל 31, גיל מופלג לנישואים בימים ההם, הרי אינה רוצה שידברו על גילה האמיתי), "והחלטתי שאתגרש תוך חודש מיום נישואיי, אבל נכנסתי להיריון וכבר נשארתי". זה כמו לומר לי, בתה הבכורה, "הכול בגללך!" היא "ריחמה עליו", ודאגה לומר לנו פעמים רבות כי "מעולם לא אהבה אותו". אני זוכרת עד כמה הרגשתי פגועה בעבורו, ובמידה מסוימת ניסיתי לפצות אותו על חוסר האהבה שלה. אהבתי אותו והערצתי אותו כילדה, וכשהתבגרתי, אהבתי אותו וכאבתי את חולשותיו.

פרק 7: לא כל הנוצץ זהב הוא -
הפער בין החוץ לפנים

אמא שלי ילדה אותי, ומאז היא נהנית לספר על ההיריון "שלה",
על מה שהרגישה ועד כמה חיכתה לתינוק שתלד. לאחר שלושה
חודשים היא שבה לעבודה. היא סיפרה לי שהמשיכה להניק אותי
"כדי לא להיכנס להיריון". אפילו בהנקה הייתה לה מטרה שלא
הייתה קשורה בי. אחרי שנה הרתה אמי וילדה את אחי. היא
המשיכה לעבוד ולאחר שעות העבודה הייתה לנו "מטיילת" שלקחה
אותנו לטיול כדי שהיא תוכל לנוח. בסופו של דבר בילתה איתנו
זמן קצר מאוד. אחרי כמה שנים נולדה אחותי והיא עזבה את
עבודתה ונשארה בבית.

כשבאנו הביתה חיכתה לנו תמיד ארוחה חמה, זה כן. היינו
לבושים יפה, ומבחוץ הכול היה נראה נפלא. את אחר הצהריים
בילינו בדרך כלל בבתיהם של בני הדודים שלנו. אמא אהבה
לבקר אותם ואנחנו הלכנו איתה, בין שרצינו ובין שלא. בשבתות
נסענו לסבתא ולסבא ולמשפחה המורחבת. לפעמים היה נהדר
ולפעמים ביקרו אותי מאוד, אני לא זוכרת כבר למה, כנראה
עניתי או התחצפתי. הרי לא היה אף פעם מי שיגן עליי, הייתי
צריכה להגן על עצמי.

מה אפשר לדעת על חייה של משפחה מבחוץ? כלום! אפשר רק
להתרשם, רושם חיצוני בהחלט. את מה שיש בתוך הבית פנימה
יודעים רק אלה המתגוררים בו. אימהות נרקיסיסטיות יודעות
להסתיר היטב את הדברים הקשים שקורים במשפחתן. לאימהות
אלו חשוב מאוד להיראות נפלא ולהיראות נפלאות. אני חושבת

שזאת אחת הסיבות שעד היום קשה לי לקבל מחמאות על האימהות
שלי מאנשים שלא חיים בתוך ביתי. הרי מה שרואים משם לא
רואים מכאן. אי אפשר לראות מה קורה בתוך הבית פנימה, הרי
הם לא רואים אותי ברגעים בעייתיים, ברגעים לא פשוטים,
ברגעים של כעס וברגעים של עצב, אז איך הם יודעים לשפוט
את ההתנהגות שלי אל ילדיי ברגעים כאלה?

השאלה הגדולה היא - איך בונים אימהות אחרת? איך בונים
אימהות שהיא לא נרקיסיסטית אם גדלתי עם אם כזאת? התשובה
מורכבת. כל אחת מאיתנו, הבנות לאימהות נרקיסיסטיות, במקרה
הטוב הבינה מה קורה וטיפלה בעצמה, במקרה הטוב פחות רק
הבינה שמשהו לא תקין. במקרים רבים הילדות הללו חשות אבודות
ומבולבלות, לעתים מחקות את התבנית שבה חונכו, במקרים
אחרים עושות כמיטב יכולתן, ולעולם לא חשות "טובות מספיק".

חלק שני:

מסע אישי ותובנות

פרק 8: בחירה בבן זוג - מי כבר
יוכל לאהוב אותי?

בחירת בני זוג על ידי בנות לאימהות נרקיסיסטיות היא בעייתית
ומורכבת. פעמים רבות הן מחפשות את דמות אימן בגבר, ולחילופין
את דמות אביהן הלא קיים. פעמים רבות היחסים לא צולחים.
במקרה שלי, בכל שנותיי כבת עשרה וגם מעט אחר כך, התאהבתי
בגברים שלא אהבו אותי חזרה או שהיו כאלה שהתאהבו בי ולא
מצאתי בהם כל עניין. לדעתי, האהבה החד-צדדית שחשתי הייתה
מעין שיחזור של הדחייה שחשתי כילדה. ככל שמושא אהבתי לא
החזיר לי אהבה, כך הרגשתי "הכי בבית שאפשר" - לא ראויה
לאהבה, לא טובה מספיק, לא נשית מספיק, לא סקסית ולא דברים
רבים אחרים. בקיצור הרגשתי כישלון, וכישלון בלחוש אהובה היה
הרגש שהכרתי מיום שנולדתי.

אינני יודעת איך קרה שהתאהבתי באיש שאהב אותי חזרה
בעוצמה כה גדולה. התחתנו ונולדו לנו ארבעה בנים, ושנינו
מגדלים את משפחתנו באהבה רבה. ההתאהבות ההדדית הייתה
מבחינתי נס גדול, ועד היום, לאחר קרוב לשלושים שנות חיים
משותפים, אני עדיין רואה באהבה הזוגית שלי נס, משהו שלא
מובן מאליו.

בן זוגי ואני עברנו דרך ארוכה ביחסים בינינו, שלא תמיד היו
פשוטים, וצלחנו משברים וקשיים. במקרה שלנו האהבה ההדדית
ניצחה ומנצחת את השדים של שנינו מדי יום ביומו. הסוד הגדול
של הצלחת הנישואים שלנו הוא המודעות והרצון לתיקון.

כבחורה צעירה לא הייתי מודעת לסיבות האמיתיות שגרמו

לי להתאהב בבן הזוג שלי - כלומר ההרגשה של להיות "בבית".
הרגשתי מאוהבת, בן הזוג שלי החזיר לי אהבה (שלא כמו בפעמים
הקודמות) ולאחר שלוש שנים של מגורים משותפים נישאנו. כגודל
האהבה שלנו זה לזה, כך גם הרצון לתקן ולאפשר לכל אחד מאיתנו
לצמוח בדרכו הייחודית והמשותפת. אם לא היינו עושים זאת,
מערכת הנישואים שלנו לא הייתה קיימת. מכל משבר צמחנו, מכל
קושי למדנו יותר על עצמנו כיחידים וכזוג. וכן, היו רגעים רבים
של ייאוש ורצון לוותר אבל היה גם הכוח לאחות את השברים,
לצמוח מהם ולהמשיך הלאה.

מקברייד טוענת בספרה כי זוגיות עם בנות לאימהות
נרקיסיסטיות היא דבר לא פשוט. הן לעולם לא ירגישו אהובות
באמת, לעולם לא ירגישו שהן ראויות.

אני יכולה לתאר לעצמי עד כמה זה מתיש להיות בן זוגה של
אישה שלעולם לא ממש תחוש ראויה לאהבה.

מקברייד מדגישה כי יש נשים שינסו למצוא אהבה או מה
שיראה להן כאהבה בכל מיני מקומות. פעמים רבות הנשים הללו
מנוצלות, מוצאות את עצמן בזוגיות מתעללת, לא מצליחות
לצאת מהמעגל, כתוצאה מכך נישואים אלו אינם שורדים. לא
כולן מצליחות להתגבר על הקשיים ולא לשחזר את חוסר האהבה
האימהית בחוסר האהבה הזוגי. לעתים קרובות בנות לאימהות
נרקיסיסטיות נישאות למישהו שהוא דומה מאוד לאימהות שלהן,
ואז הן משחזרות את חוסר האהבה. הן משתוקקות לאהבה אבל
לא מצליחות להגיע לאינטימיות.

פעמים אחרות הן נישאות לגברים ש"מקטינים" אותן ולא
מעריכים אותן, והן לא רואות בזה שום דבר חריג, הרי ככה
הרגישו גם בבית. הן שואפות למצוא את הגבר שלא ממש רוצה
בהן, ואז נלחמות שוב ושוב על אהבה בלתי ממומשת. כמו כן יש

להן ציפיות מוגזמות ממנו, וגם אז הנישואים נידונים לכישלון. אין אדם בעולם שיכול לעמוד במערכת ציפיות כזאת. מה שיכול לשפר את המצב לדברי מקברייד הוא המודעות.

מקברייד טוענת בספרה שבנות לאימהות נרקיסיסטיות יבנו יחסי זוגיות שבהם הן המטפלות או המטופלות במערכת הזוגית, ואין באמת מערכת שוויונית. השאלה היא - "מה יצא לי מזה?" או "מה יצא לו מזה?" בשני המקרים זאת איננה אהבה אמיתית, אלא אהבה התלויה בדבר. בשני המקרים בני הזוג לא מקבלים מענה לצורך שלהם באהבה ללא תנאים, האהבה היא רק בתנאי.

בשני המצבים הבנות הללו מרגישות שהגיעו "הביתה", אל המקום המוכר שלהן. בתמורה למילוי צרכים של מישהו אחר הן מקוות שיזכו לקבל הערכה ואהבה. אך הצד השני בדרך כל רק מחפש מטפלת. ולהפך, בתמורה למה שעושים בשבילן הן תתנה יחס של אהבה, אך אין דבר בין אהבה ובין המצב הזה. וכך הן אינן זוכות באהבה אמיתית בחייהן.

אפשרות נוספת היא לוותר מראש על הזוגיות. הנשים הללו מרגישות לא ראויות לאהבה, והן מוותרות מראש על הכאב הזה. הן יבנו לעצמן חיים עצמאיים ובלתי תלותיים, יסמכו רק על עצמן אבל בדרך יפספסו המון. הן לא תחווינה אהבה וזוגיות, לעתים גם לא אימהות.

אחד הקשיים הגדולים שלי, לדוגמה, הוא קבלת ביקורת. אני לא מכירה מישהו בעולם שנהנה לקבל ביקורת אבל לי קשה הרבה יותר. בשמיעת ביקורת התחושה שלי היא כאילו ננעצת בגופי סכין.

היום כבר למדתי לנשום, ואני מבינה שהביקורת אינה מגדירה את מי שאני ואיננה מבטלת אותי כאדם, מטרתה לתקן מצבים. הרקע לכך הוא שכשעשיתי משהו שלא היה לרוחה של אמי, ידעתי שאני בסכנה - סכנת הכחדה. אם אני לא בסדר אין לי קיום,

לא אוהבים אותי ומשליכים אותי. עצם המחשבה על הנושא הזה
מקשה על הנשימה שלי. לאורך שנים בן הזוג שלי מתקשה לבקר
משהו שעשיתי כי אני לא מאפשרת את זה. אני מגנה על עצמי
בחירוף נפש או יוצאת למלחמה נגדית, כאילו חיי נמצאים בסכנה.
הביקורת לא נתפשת כביקורת על מעשה ספציפי אלא ביקורת
עליי כאדם. עבודה רבה נדרשה ונדרשת עד היום, וזה עדיין פן
בעייתי בנישואים שלנו.

עם זאת, מודעות וטיפול עוזרים לנו לבחור בבן זוג מתאים.
ככל שנטפל בעצמנו מוקדם יותר כך נוכל להצליח לקיים מערכות
יחסים בריאות וטובות, וכך ייטב לנו מהר יותר. ככל שיש מודעות
גדולה יותר והבנה, אפשר ליצור מערכות יחסים זוגיות, כנות
ואוהבות.

פרק 9: ידידים, ידידות וקשרים
לא זוגיים

בחירה של חברים וחברות לאורך השנים מעניינת לא פחות מאשר
בחירת בני זוג. מעניין להביט לאחור ולחשוב על מערכות יחסים
עם חברים וחברות - מערכות יחסים שעדיין ממשיכות וכאלה שלא
שרדו את השנים, מערכות יחסים ששינו פנים , וכאלה שנשארו
כפי שהיו. איזה סוג של חברים חיפשתי כשהייתי צעירה? אילו
מערכות שרדו את השנים? ואילו לא?

הקשרים הקרובים שלי כשהייתי בת עשרה היו במידה מסוימת
"בלתי ממומשים" - החברות הייתה קרובה ולא קרובה, נדמה לי
שהשקעתי במערכות היחסים הללו הרבה יותר מאשר השקיע בהן
הצד השני. אני זוכרת תסכול רב אבל גם דבקות בחברויות הללו.
נדמה לי שההסבר המדויק ביותר לתופעה הזאת הוא שלא חשתי
ראויה לאהבתן של החברות שלי, אך המשכתי להילחם על אהבתן
אליי ללא לאות. בדיוק כפי שהיה בבית, אם כי בגיל העשרה
הרצון להילחם למען אהבתה של אמי לווה בתחושה של דחייה
מהתנהגותה, מן דואליות שתימשך גם שנים רבות לאחר מכן.

במשך השנים מצאתי את עצמי גם ביחסים חבריים מסוג אחר,
אני מתכוונת לטונים צורמים, לדרמות, לדברים שהיה לי קשה
יותר להיות חלק מהם. פעמים רבות נמשכתי לחברויות עם נשים
דומיננטיות מאוד שלא ממש הותירו לי מקום. היום, לשמחתי
ולמזלי הטוב, אין לי מערכות יחסים כאלה. ככל שעוברות השנים,
אני מוצאת את עצמי במערכות יחסים אוהבות ואכפתיות, עם
אנשים שמפרגנים לי ומקבלים אותי כפי שאני. יש לי עד היום

חברות קרובות, אוהבות ואהובות שהקשרים בינינו נשארו הדוקים
לאורך עשרות שנים. למרות המרחק הפיזי שבינינו, היחסים נשארו
קרובים ומכילים, וניתן בהן המרחב והכבוד. זכיתי. אני מתארת
לעצמי שחברויות משתנות לאורך השנים אצל כל אחד מאיתנו,
אך אצל בנות לאימהות נרקיסיסטיות ההבדלים בסוגי החברויות
קיצוניים. אצלי יש הבדלים ענקיים בין "לפני" ו"אחרי" - בין
דפוסי החברות לפני הטיפול שעברתי והדברים שלמדתי לבין
הדפוסים לאחריהם - המודעות עושה את כל ההבדל.

ובכל זאת, הבעיה הקשה ביותר שלי היא חשדנות. אני חברותית
מאוד אבל מעט מאוד חברות הן באמת קרובות, וגם אז, יש לי
קושי עם גבולות. יש לי חשש קבוע מפולשנות שיפוטית. זאת
הגדרה שעד לרגע זה אפילו לא ידעתי להגדיר. הכתיבה מסייעת
לי להבין את הדברים שעוברים עליי, קשה להסביר את התהליך
הזה שהוא בשבילי מעין ניקוי וגילוי.

חברויות טובות וקרובות קל לי הרבה יותר לקיים כשהן קצת
רחוקות ממני. כשאני בארץ אני יכולה לבלות עם החברות הקרובות
שלי שעות על גבי שעות. אנחנו "משלימות פערים", ונהנות מהזמן
המשותף, אבל ברור לכולן שאחר כך אני טסה לצד השני של
העולם ושהקשר אינו נשאר יום-יומי.

חברות עם חברותיי הקרובות אליי מבחינה פיזית היא מעניינת.
יש לי חברה אחת שאני אוהבת אותה אהבת נפש, אבל רואה אותה
מעט מאוד. שתינו יודעות שתמיד נהיה חברות קרובות-רחוקות,
אבל שתינו זקוקות למרחב. מרחב הוא מוטו חשוב בקשרים שלי.
אני מסוגלת להגיע לקרבה רבה עם האנשים האהובים והקרובים
אליי, אבל אני זקוקה גם למרחב. קשה לי מאוד עם אנשים
פולשניים ואינטנסיביים, אני מודה שזו מגרעה, לא פשוט להודות
שזאת אני ולא הם.

חברויות אחרות מעניינות לא פחות. חלקן ארוכות שנים, הן לא
אינטנסיביות אבל האהבה הדדית, ואני יודעת שתמיד החברות
שלי יהיו לצדי בשעת שמחה ועצב ולהפך - גם אני אהיה שם
תמיד לצדן.

בנות לאימהות נרקיסיסטיות סובלות מרגישות יתר בקשרים.
המודעות עוזרת. למדתי לקבל את עצמי ואת הצד הזה שבי שהוא
בעייתי, חברותיי יודעות לקבל אותי כמו שאני, ואני מקבלת
אותן כפי שהן.

מספיק מישהו אחד שיראה

הדרך לצאת מהמעגל המדוכא והמדכא היא לא קלה. ממחקרים
שקראתי הבנתי שבת לאם נרקיסיסטית זקוקה לאדם אחד לפחות
בילדותה שעבורו היא איננה שקופה. למזלי זכיתי בדוד יחיד
ומיוחד, שהיה קצת מוזר ולא הלך בתלם. אני הקשבתי לו והאמנתי
למה שאמר לי, בטחתי בו. הוא מעולם לא לגלג עליי, היו לו
ציפיות גבוהות ממני, הוא היה קשוב ואהב אותי ללא כל תנאי.
דוד שלי היה שם בשבילי ללא שום אינטרס מלבד טובתי האישית.

הוא לימד אותי את אהבת הקריאה והכתיבה, הוא חיבק ונישק,
לקח אותי לראות שקיעות יפות בים ועודד אותי תמיד. כשהתחלתי
לכתוב את ספרי הראשון "בת עיראק" התגוררתי בארץ, אבל לאחר
כמה חודשים חזרנו להתגורר בארצות הברית. דוד שלי האהוב
היה איש של לילה, ובשעות הלילה שלו, שהיו שעות הצהריים
המוקדמות שלי, ליווה אותי בכתיבת הספר הראשון שלי. הוא עזר
לי בתחקיר ותמך גם מבחינה רגשית בסיפור המשפחתי שאותו
כתבתי. הוא היה איש כותב, ולכן יכול היה להבין את המושגים
שבהם השתמשתי ואת הקשיים שבהם נתקלתי. הוא גם אמר לי

שיש לי כישרון בלתי רגיל, ולמרות שאני אמא לארבעה בנים,
אני חייבת לקבל כמה שיותר עזרה ולהתפנות למימוש הכישרון.
הוא היה הראשון שתמך בכתיבה שלי והעריך אותה, ואני מודה
לו על כך מדי יום. גם אם בשנים הראשונות לא האמנתי לו, עם
השנים אני רואה כי הוא צדק, והכתיבה היא אכן הייעוד שלי.

קשה מאוד לצאת ממעגל הנרקיסיזם, קל הרבה יותר ליפול
לבורות שהייתי רגילה אליהם, שהביאו אותי למצבים שגרמו לי
ל"הרגיש בבית" (הכוונה היא לאותם דפוסי חשיבה שליליים בנוגע
לעצמי). הרבה יותר קל לשכפל את מה שלימדו אותך, ואת מה
שאימנו אותך לעשות במשך שנים. בכל זאת אני אחרת, למרות
הכול אני אינני אמי, גם אם לפעמים אני רואה משהו בהתנהגות
שלי שמזכיר לי אותה.

יצרתי זוגיות אוהבת, אני אמא שונה לגמרי ממנה, רחוקה מלהיות
מושלמת אבל משתדלת ולומדת בכל יום מחדש. בניתי מערכות
יחסים אוהבות ומכילות עם חברותיי היקרות והאהובות ועם בנות
הדודות שלי, שהן יחידות ומיוחדות ואהובות מאוד, הן אחיות לבי.

פרק 10: מלחמת הישרדות

הצורך בנפרדות

הקשיים של בנות לאימהות נרקיסיסטיות הם רבים. אחד הקשיים הגדולים ביותר הוא בנייתה של אישיות עצמאית. אימהות נרקיסיסטיות עושות כמיטב יכולתן כדי לקשור את בנותיהן אליהן בכל דרך אפשרית. אך אין לטעות - זאת לא אהבה, זהו הרצון לשליטה ולאישור שלהן כלפי עצמן. לכן, בכל כוחי נלחמתי על עצמאותי, בכל כוחי בניתי לי חיים המתבססים על ערכים שונים לחלוטין מהערכים שעליהם גדלתי. אחד הדברים שסייעו לי הייתה תחושת הזרות שהרגשתי, ואני עדיין מרגישה, כלפי המשפחה שלי. אחד מדודיי נוהג לומר לי משפט מטלטל מאוד: "איך את יצאת ככה מהבית הזה?"

השתלטנות של אמי גרמה לי לתחושת לחץ תמידית שהביאה אותי למרוד ולחפש את דרכי, ניסיתי לגלות מי אני. אחד החסרונות הגדולים שלי הוא גם אחד היתרונות, אני מורדת במה שלא נראה לי נכון. לעתים אני מזכירה לעצמי שאין יותר צורך להתמרד, אני כבר לא נמצאת "בסכנת הישרדות" ואני לא צריכה יותר להילחם או לחדול, אני יכולה להיות איך שאני וזה בסדר. במשך כל שנות ילדותי, נערותי ושנות בגרותי הצעירות, טקטיקת ההישרדות הזאת עזרה לי להפריד את עצמי "ממנה": לעשות דברים בדרך שלי, לבחור בבן זוגי, במסלול חיי, שלא השתלב במה שהיא תכננה עבורי.

בפן אחד הייתי ילדה טובה - הלכתי בתלם, הייתי תלמידה סבירה, ובעיקר לא ביקשתי לעצמי דבר מלבד שיניחו לי לנפשי.

ריציתי, עזרתי, תמכתי - יכולתי "להיבלע ולחדול"; ובפן אחר היו דברים שהתעקשתי עליהם ולא ויתרתי. הראשון היה לצאת לנח"ל ואכן שילמתי על כך מחיר כבד מאוד. הדבר השני שלא ויתרתי עליו למרות המחיר הכבד היה לעבור לגור עם אמנון (בן זוגי עד עצם היום הזה). לא ויתרתי למרות החרמות, ההשמצות והעלבונות. ההחלטה שלי לצאת לנח"ל הייתה אמיצה מאין כמוה. לגור עם אמנון גם הצריך אומץ, אבל היה לי אז כבר את הגב החזק שלו, מה שלא היה לי כשיצאתי לנח"ל. כשאני מתבוננת ממרום שנותיי על שני הנושאים הללו לבי נחמץ על אותה נערה צעירה שהייתי. הייתי רוצה לאמץ אותה אל לבי, לעודד ולהעצים, להרגיע ולומר שהכול יהיה בסדר גמור, למרות אמא.

תהליך המרידה לא היה רציונאלי, הוא התחיל בתחושות קשות של בחילה וכאב בטן. ההרגשה הזאת הייתה כל כך מוכרת, וידעתי שאם היא מגיעה אני חייבת להילחם.

לא היה צורך בתובנה מיוחדת, זה היה משהו פנימי ששמר והגן עליי, בעיקר מעצמי. אני כותבת "מעצמי", מכיוון שכשמלמדים ילדה שמה שהיא מרגישה הוא לא נכון, "דמיוני", אין דרך אחרת להתמודד עם "סכנה" מלבד תחושת הבטן.

חיפוש אחר זהות

שני חלומות חלמתי בלילות האחרונים. בראשון מצאתי את עצמי עומדת בתור לקבלת קהל במשרד הפנים, כשלפתע אני מבחינה בחמותי העומדת גם היא בתור, ונראית צעירה בכעשרים שנה. אנחנו משוחחות עד שמגיע תורי. אני מגיעה אל הפקיד ומגלה ששכחתי להביא איתי את הדרכון שלי. הוא מודיע לי שהוא לא יכול לעזור לי, ואני אצטרך לחזור לשם שוב.

התעוררתי בהרגשה קשה. כל כך הרבה דברים התחברו לחלום הזה. אני מחפשת את הזהות שלי, הדרכון שלי חסר. המצב הזה שבו אני מגיעה ללא מסמכים חשובים, מוכר לי לצערי, הוא חלק מהפרעת הקשב שלי. אני כועסת על עצמי, על שאני שכחנית ומפוזרת, וששוב אצטרך לבזבז זמן יקר כל כך. החלום מתרחש בזמן שאני כותבת את הספר הזה ותוהה לגבי הזהות שלי.

בחלום השני אני נוסעת עם אמי ברחוב ז'בוטינסקי ברמת גן. משום מה אנחנו משאירות את המכונית לרגע באמצע הכביש. אמא שלי הולכת, ואני חוזרת למכונית ומחנה אותה. אני מחפשת אותה, כשלפתע אני רואה אותה ומנסה לכוון אותה לחזור למכונית. היא הולכת על קצה תהום, לצדה הרים אימתניים. אנחנו לא מוצאות את המכונית, ואני חושבת שאולי גנבו אותה. מדי פעם אני מושכת אותה לכיוון המדרכה כדי שלא תיפול, אך היא בכל זאת מועדת ונופלת אל התהום. אני מנסה לצעוק אבל לא מצליחה להשמיע קול. התעוררתי רועדת כולי, בהרגשה איומה של חוסר אונים. ההסבר ההגיוני הוא שאמי איננה עוד, שבמובן מסוים איבדתי אותה, תוך כדי חיפוש הדרך, והאובדן הזה מכאיב.

מכתב לילדה שהייתי

לפני כמה שנים, באחד מהטיפולים הפסיכולוגיים שעברתי, התבקשתי לעשות משהו ששינה את אופן החשיבה שלי מאז ולעולם. התבקשתי לכתוב מכתב לילדה הקטנה שהייתי ולספר לה על עצמי. רק כשעשיתי זאת הבנתי איזו דרך ארוכה עשיתי. הבנתי גם שבאפשרותי לחזור תמיד ולהרגיע את הילדה שבי, להרגיע את הכאב של הילדה שהייתי. הילדה הזאת איננה יותר, במקומה צמחה אישה חזקה, יוזמת, אישה שהיא כבר לא הילדה חסרת האונים שהייתה. אישה שיודעת שהיא ראויה. ראויה לאהבה, ראויה לכבוד, אישה שיודעת לאהוב ולקבל אהבה. בכל יום אני חשה אסירת תודה על מה שיש לי.

התרגיל הזה היה ציון דרך חשוב בעבודה שלי עם עצמי. אני זוכרת שכשהייתי ילדה יכולתי לראות את עצמי כאשת קריירה מצליחה, אבל התקשיתי מאוד לראות את עצמי נשואה או נמצאת בקשר זוגי. היו שנים שחשבתי שלעולם לא אמצא זוגיות טובה, ותכננתי ללדת ילדים ללא זוגיות. אני לא חושבת שהבנתי שאני אכן ראויה לאהבה ויכולה לשלב בין זוגיות יציבה למשפחה. העובדה שיש לי זוגיות ארוכה ומשפחה עדיין לא מובנת מאליה עבורי.

אני ממליצה לכל אחת לכתוב מכתב לילדה שהייתה. זה תרגיל שכל כך מלמד עלינו כנשים, מלמד על החוזק שלנו, ומאפשר לנו לראות בעיניים פקוחות את הדרך שעשינו מאז שהיינו ילדות ועד היום. התרגיל הזה אפשר לי להרגיש חמלה ואהבה כלפי הילדה שהייתי. אפשר לי לומר לה ש"הנה, תראי איך הכול הסתדר הרבה יותר טוב ממה שאי פעם דמיינת. את רעיה ואם וסופרת ומשוררת ובלוגרית. "את אשת העולם הגדול", כמו שאמר לי פעמים רבות

אחד מהדודים שלי, "את עצמאית, אישה שמעניקה מעצמה ולומדת גם לקבל, את רואה את השדים ומודעת לעוצמתם אבל לא נותנת להם להגדיר אותך בשום צורה ואופן".

בעתות מצוקה אני חוזרת אל הילדה המפוחדת ומרגיעה אותה. אני האם של עצמי, מעודדת, מעצימה ומחזקת. התרגיל הזה העניק לי פרספקטיבה נוספת, ואני ממליצה לכל אחת מכן לנסות ולתרגל אותו בעצמה.

פרק 11: טיפוסים שונים של בנות לאימהות נרקיסיסטיות

מרי המדהימה

מקברייד מדברת על טיפוסים של בנות לאימהות נרקיסיסטיות, אני מצאתי את עצמי שם בקלות רבה. אני שייכת לסוג הראשון, ולא גאה בעובדה הזאת כלל (מה שמתאים מאוד לטיפוס). לסוג הראשון קוראת מקברייד "מרי מארוול" - **מרי המדהימה, הנפלאה.** כמו אצלי התכונה המאפיינת היא הישגיות, ומטרתה להוכיח לעצמה ולעולם עד כמה היא נפלאה. עם זאת אני מרגישה שלא משנה עד כמה אתאמץ ואשיג הישגים מכובדים עדיין לא ארגיש טובה וראויה מספיק. לעולם לא אתן לעצמי קרדיט על העשייה שלי. ככל שאעשה, עדיין זה לא מספיק טוב.

כשקראתי לראשונה על "מרי המדהימה" הרגשתי שהיא מתארת אותי, פרצתי בבכי וסגרתי את הספר. לא משנה עד כמה התאמצתי - הבאתי ארבעה בנים לעולם, השקעתי בגידולם, למדתי לחמישה תארים, הוצאתי לאור שני ספרים, הייתי סוכנת המכירות של עצמי, טיפלתי בכל מי שהיה זקוק לטיפול ועדיין מטפלת - תמיד, בתוכי נשאלת השאלה: האם עשיתי מספיק? האם אני טובה מספיק?

מקברייד מסבירה את זה בכך שמגיל צעיר קיבלתי אהבה והרגשתי רצויה ומוערכת רק כשעשיתי את הדברים הנכונים ולהיפך. תהליך נפשי זה קורה כשאת צריכה להוכיח שאת אכן ראויה לאהבה. בגיל מסוים מרדתי, אבל עדיין המשכתי לנסות להיות ראויה לאהבה.

אותה בת, טוענת מקברייד, זקוקה כל הזמן לאישור חיצוני, ובכל פעם שהיא מקבלת אותו והוא נעלם, היא תנסה דברים חדשים כדי לזכות בו שוב ושוב. זה קשה נפשית, וקשה גם פיזית. פעמים רבות הנשים הללו סובלות מבעיות בריאות ונפש. עם השנים השתפרתי במובנים אלה. אני מטפלת בעצמי טוב יותר, ומדי פעם אפילו שמחה בהישגים שלי, אבל עדיין כשאני לא עושה משהו ממש חשוב לדעתי, אני מתייסרת על כך שאני לא יעילה ומתבטלת. הנשים הללו מוצאות תירוצים לכל הצלחה - כמו המזל הטוב, "הייתי במקום הנכון בזמן הנכון", אף פעם לא כי "הייתי ראויה", אלא תמיד התחושה היא של "מתחזה".

האימהות של הילדות הללו לא התבוננו בבנותיהן בגאווה ולא אישרו את אופיין הטוב ואת האהבה שהן ראויות לה רק כיוון שהן הבנות שלהן. והבנות האלה, גם אם אין מי שעדיין מפקפק בהן, מפקפקות בעצמן. אצלנו הייתה תמיד ההשוואה שלי לבנות משפחה אחרות, לעתים גם לבני משפחה אחרים.

"למה את לא יכולה להיות כמו עופרה?" עופרה היא בת דודתי האהובה, סיפרתי לה לא מזמן על המשפט הזה ששמעתי בחיי פעמים כה רבות, וגם אמרתי לה שהאמת היא שיכולתי לא לאהוב אותה בשל כך, אבל זה מעולם לא עלה בדעתי. אני אוהבת אותה אהבת נפש, למרות זאת, ובגלל מי שהיא.

השאלה שאני שואלת את עצמי עכשיו היא מתי כל זה יפסיק? מתי אדע בוודאות שאינני צריכה להוכיח יותר דבר לעולם ולעצמי, שאפשר לנוח וזהו? ואני לא יודעת אם זה יקרה אי פעם.

זו שמקלקלת לעצמה

טיפוס נוסף שאותו מתארת מקברייד הוא של הבת שלעולם לא תהיה מוצלחת - זאת שמקלקלת לעצמה. היא חסרת שאיפות, מרדימה את הכאב פעמים רבות בהתמכרויות, ונשארת במערכות יחסים הרסניות. במשפחה שלנו, אני סובלת מתופעת "**מרי מארוול**", ואחותי היא הטיפוס השני. כשאחותי הייתה ילדה השאיפה שלה הייתה להיות עקרת בית. אחר כך היא הלכה לצבא, הכירה מישהו והתחתנה. ללמוד דחפנו אותה בעלי ואני, ואף שלחנו אותה ללימודים. אחותי למדה והגיעה להישגים יפים מאוד בלימודיה, אבל חזרה לתפקיד הרבה יותר קטן ממה שיכולה הייתה לקחת לעצמה אילו האמינה בעצמה. כשאחותי לא עשתה דברים שהיו לרוחה של אמי היא חזרה ואמרה שאחותי "בלעה את מי השפיר בלידתה, ולכן משהו לא תקין במוח שלה". מכירים אם נורמאלית שתגיד משפט כזה על בתה? אחותי לא הייתה שאפתנית כי חשבה שאיננה חכמה מספיק, אז למה בכלל לנסות?

שני הטיפוסים, השאפתנית וזו המכשילה את עצמה, הם בעצם אותה גברת בשינוי אדרת. שתיהן לא מרגישות טובות מספיק. המחיר כבד, פיזי ונפשי. שתיהן צריכות למצוא את הדרך להערכה עצמית פנימית ולא לחפש תמיד אחר אישור חיצוני. מקברייד טוענת שכל הבנות לאימהות נרקיסיסטיות מקלקלות לעצמן בשלב זה או אחר, בדרך זו או אחרת. כולן תסבולנה מאחת או יותר מהבעיות הבאות: דיכאון, חרדות, מתח ופחדים, בעיות משקל, התמכרויות, בעיות בריאות ובעיות ביחסי אנוש.

כולן הפנימו את המסר שהן מוערכות על פי מה שהן עושות ולא על פי מה שהן, כולן צריכות להתמודד עם אותם קולות פנימיים מכשילים שבתוכן.

פרק 12: להפוך בעצמך לאמא

לבנות אימהות אחרת

רחוקה מאמי ומהשפעתה פיתחתי סגנון הורות שונה. בשנים הראשונות הייתה זו האינטואיציה, ומאוחר יותר, בעזרת המודעות שפיתחתי, יכולתי לבנות מודל שונה של אימהות. כמו כל דבר אחר בחיים, למדתי לאט-לאט, ואני עדיין לומדת. טעיתי ואני טועה מדי יום. הקושי בשנים הראשונות היה פיזי, לא הבנתי איך עושים את זה בכלל - שינה לא רציפה, הריונות קשים, לידות קשות, תינוקות חולים. אלה היו הקשיים, וכמובן התמורה הייתה מדהימה, אחר כך נכנסנו לשגרה ואלו היו שנים יפות ונפלאות.

הקשיים גדלו עם הילדים. ההתמודדות איתם ומולם לא הייתה קלה. היא כפי הנראה לא קלה לאף הורה, אבל היא קשה מאוד לאם שמעולם לא למדה להגיב בלי להיות פוגענית. שלא יודעת איך להיות קשובה, איך לתמוך כשצריך, ואיך "לא לפספס כלום".

אין לי תשובה ברורה לשאלות האלו, אני נמצאת בתהליך שבמסגרתו מצאתי כמה עקרונות שמקלים והקלו עליי:
1. ראשית להקשיב, רק אחר כך לענות.
2. להתייעץ כשצריך עם מי שצריך.
3. אם חיים בזוגיות, להיעזר בבן הזוג ולהתמודד יחד.
4. להבין שלא תמיד אפשר לעזור למתבגרים שלנו, אפשר רק להשתדל.
5. לעשות תמיד כמיטב יכולתנו, גם אם מיטב יכולתנו לא ממש טוב. לדעת שאנחנו טועים ונטעה.

6. כולנו בני אדם עם רגשות. ילדים שמסבירים להם שגם ההורים הם בני אדם, יכולים לפתח בעצמם אמפתיה כלפי הוריהם ולשתף איתם פעולה כדי לפתור בעיות.
7. היה לי חשוב, ועדיין חשוב לי מאוד, להבהיר לילדיי שאינני חברה שלהם, אני אמם, עם כל המשתמע מכך. אני יכולה לקיים איתם יחסים חבריים אבל אמא יש רק אחת וזו אני. תמיד אוהב אותם, ללא תנאי ובגלל מי שהם. בשיחה לא פשוטה שהייתה לי עם אחד מבניי הוא זרק לעברי: "את תמיד טרחת לומר שאת לא חברה שלי, לא אהבתי את זה". עמדתי המומה מול הטענה הזאת, הרי כל כך רציתי לתת לילדיי את המקום הראוי להם. אני רואה חברות כמשהו הדדי, שבו אחד עושה למען האחר. בחברות משתפים בקשיים, בתור אם התפקיד שלי הוא תמיד לתת, בלי לצפות לדבר חזרה, אני זאת שתפקידה להקשיב ולהיות קשובה. בני לא ידע כמובן מה מתחולל בנפשי. אינני חברה שלו, אני הרבה יותר מזה בשבילו. אני אמא שלו שאוהבת אותו אהבה נטולת אינטרסים ותנאים. נכון, במשפחות נורמאליות אין צורך להשתמש כלל במילים "אני לא חברה של הילדים שלי", מכיוון שההבדלים ברורים יותר, ואין חשש שיחסי אם וילדיה יגלשו למשהו שהוא חברי יותר מאשר הורי.
8. לנסות ולכבד את המרחב האישי של כל אחד מהילדים.
9. לסלוח! לסלוח לעצמי, לסלוח לסובבים אותי.
10. את כל הסעיפים הללו קל לכתוב, אך קשה מאוד לבצע.

אני מזכירה לעצמי מדי יום שאני בוחרת להיות האם שאני: בוחרת באהבה, בוחרת בחמלה, בוחרת ברגישות. מזכירה לעצמי שלא נולדתי ולא גדלתי עם הכלים הללו אלא בחרתי ואני בוחרת בהם.

מזכירה לעצמי שאני מי שאני, אני לא אמא שלי ולעולם לא

אהיה כמותה. זה אחד הפחדים האיומים ביותר של בנות לאימהות
נרקיסיסטיות, להיות כמו האימהות שלהן.

אני מזכירה לעצמי שמותר לי לטעות, ושזה לא סוף העולם
להיות חלשה.

אני מזכירה לעצמי שאני כבר לא ילדה בודדה, שמותר ושאפשר
להישען, ויש לי על מי.

והחשוב ביותר, אני מזכירה לעצמי שאני לא מושלמת, כמו
אימהות רבות אחרות, כולנו בני אדם.

בניית זוגיות ומשפחה

בפעם הראשונה בחיי שבה חוויתי אהבה הדדית ואמיתית הייתי
בתחילת שנות העשרים. כשהתאהבתי במי שהפך להיות לבעלי, והוא
התאהב בי, זה היה מבחינתי נס. לא האמנתי ל"מזלי" הטוב, ופעמים
רבות, בחודשים הראשונים חששתי שהוא יגלה את האמת, שאינני
באמת ראויה לאהבה, ויפסיק לאהוב אותי. בעלי צעיר ממני בשנתיים,
כשהיכרנו הוא היה עדיין חייל בסדיר, ועבר בדיוק לשירות בקבע.

מהר מאוד עברנו להתגורר יחד, כשהוא משרת עדיין בצבא,
ואני סטודנטית, שנה אחרונה באוניברסיטה. לאחר שנת מגורים
משותפת נסענו לאנגליה, כדי לעבוד, לטייל ולחסוך כסף ללימודים
בשבילו, ולהמשך לימודים עבורי. החיים באנגליה היו מרתקים
מבחינתי. פתאום הייתי עצמאית לחלוטין. עבדתי, למדתי אנגלית,
ניהלתי את הדירה שלנו, ולא הושמעה ביקורת על מה שעשיתי.
אהבתי את החיים, שהיו מבחינתי קצת חיים על "אי בודד", ובתום
השנה הצעתי לבעלי להישאר לשנה נוספת, אך הוא ידע כי חשוב
לי להינשא, וחשוב שהוא ילמד, ולכן שבנו ארצה והתיישבנו
בחיפה. לאחר שנה נישאנו, ושנה אחר כך נולד בננו הבכור, יותם.

עד כאן הכול נראה פשוט וקל, אבל לא כך היו פני הדברים. בעלי לא רצה ילד, מכיוון שלא חש שהוא בשל להפוך להורה, וחשש מאוד ממחויבות. בתקופת ההיריון הוא לא ישן לילות רבים, והיה מודאג מאוד ממצבנו הכלכלי. אני, כרגיל, "ידעתי" שהכול יהיה בסדר, הרי סמכתי על עצמי בלבד.

את יום לידתו של ילדנו הראשון לא אשכח עד יומי האחרון. זאת הייתה חוויה שמימית לפגוש אותו בפעם הראשונה. הוא נולד בניתוח חירום, וכך לא ראיתיו כשיצא לאוויר העולם. כשהתעוררתי הוא כבר לא היה לידי. הוא נולד במשקל של 1,950 גרם, ומיהרו לקחתו לפגייה. הוא התקשה לשמור על חום גופו, ולכן נאלץ להישאר שם למשך כמה שבועות. בשעות הראשונות לא יכולתי לבקרו, אסור היה לי לקום מהמיטה, ורק לקראת ערב, ישובה על כיסא גלגלים, הובילו אותי לפגוש בו בפעם הראשונה.

בשעות שלפני המפגש ביקרו אותנו חברים ובני משפחה, והם זכו לראות את בני לפניי. אני זוכרת זאת כחוויה קשה, אבל הרגע הגיע. בפעם הראשונה שראיתי אותו הוא שכב על בטנו, פצפון, והרים את ראשו אליי כשהגעתי. תינוק בן פחות מיום אחד, שאחר כך התקשה להרים את ראשו ונאלצנו להשתמש בתרגילים המעודדים הרמת ראש, והנה הוא הרים את הראש אליי. לבי נשטף בחום ובהתרגשות עצומה. הבטתי בבני ולחשתי: "אני לא מאמינה שנולד לי כזה ילד יפה". נורא אפילו לכתוב את זה, למה שלא ייוולד לי ילד יפה?

השבועות הבאים היו קשים, האמת היא שהשנים הבאות היו קשות. הוא נולד עם אסטמה שלא אובחנה, ורצתי איתו מרופא לרופא. למרות הכול, הוא היה ילד שמח ועליז. נתנו לו, אביו ואני, כל שיכולנו, אהבנו אותו אהבה עזה, ואז נולד גם בננו השני והפכנו להורים לשני ילדים. שלוש שנים מאוחר יותר נולד בננו השלישי, ארבע שנים אחר כך נולד הרביעי - בורכנו.

להיות אמא טובה מספיק - אמא ללא מודל

ילדים לא מגיעים לעולם עם הוראות הפעלה, כאם צעירה אני זוכרת שהתחושה החזקה ביותר כלפי בני הבכור הייתה הרצון לגונן עליו. אני זוכרת את הגאווה ואת האושר שמילאו את לבי כשהוא נולד, ואחר כך הגיעה נפילה רגשית קשה. הוא נולד קטן ונשאר בבית חולים כמה שבועות לאחר הלידה. כשהבאנו אותו הביתה ההתמודדות הייתה קשה מאוד, היו לו בעיות נשימה, ואנחנו כהורים צעירים לא ידענו איך להתמודד. הוא ישן במיטתנו בשנתיים הראשונות לחייו, כך יכולנו להגן עליו ולטפל בו. האינסטינקט הראשוני היה לגונן, מעבר לזה, אני לא חושבת שהיו לי כלים טובים להתמודד עם הפיכתי לאם.

אני חושבת שמבחינות מסוימות השנים הראשונות היו קשות אולי מבחינה פיזית, אך קלות יותר מבחינה נפשית. אני לא מדברת על מחלות ודאגות כגון אלה, כאלה היו בשפע. לא היה לי קשה להרעיף אהבה וחום על ילדיי, רגש האימהות עטף אותי. ויתרתי כמעט על הכול, כלום לא היה חשוב באמת מלבדם. עבדתי במשרה חלקית, וכשנולד בני השלישי עזבתי את העבודה ונשארתי בבית. לבעלי היה חשוב שיהיו לי חיים מחוץ לחיתולים, שכרנו מטפלת לכמה פעמים בשבוע, וחזרתי ללמוד.

דברים שכן למדתי מאמא

היום אני יודעת שאנשים מורכבים מגוונים רבים, לא רק משחור ומלבן. עם כל הקושי שהיה לי לגדול עם אמי, היו בה גם צדדים חיוביים. אחת מהתכונות שלה שאהבתי היה הרצון לשמוח ולשמח. אמא הייתה יכולה לקום בבוקר ולהכריז שנוסעים ליום כיף. אני

זוכרת שכילדה צעירה אהבתי את זה מאוד. היא הייתה אמא תזזיתית, וכילדה קטנה נהניתי מאוד מהטיולים, מהנסיעות לחוף הים ומחוויות מפתיעות אחרות.

כאמא לילדים צעירים השתדלתי להכניס שמחה גם לחיים שלנו. נהניתי להיות אמא והייתי גאה בתפקיד החשוב הזה שלו זכיתי. אני זוכרת כמה אנקדוטות נחמדות - למשל כשהבנתי שבני הבכור מחכה ומצפה בכל יום ליום ההולדת שלו. יום אחד אמרתי לו: "אתה יודע, כל יום הוא יום הולדת, אז בוא ונחגוג היום". הזמנתי את ילדי השכונה, אפיתי עוגת שוקולד ופיזרתי עליה סוכריות צבעוניות, הכנתי מיץ וחגגנו לו יום הולדת, כולל שירים וריקודים. עד היום אני חושבת שזה היה אחד הרעיונות המבריקים ביותר שלי.

המוטו שלי היה "לא לפספס משהו". לילדים היו אסטמה, בעיות נשימה, אלרגיות. הם היו חולים הרבה, ואני ביקרתי במרפאות. אולי אפילו יותר מדי, כל הרופאים הכירו אותי. הייתי אמא עם פחדים וחרדות. ניסיתי לתת ככל יכולתי, וגם שמרתי על משהו בשביל עצמי, כדי שיהיו לי כוחות נפש לנתינה. אני חושבת שזה היה אחד הדברים החכמים ביותר שעשיתי למען ילדיי ומשפחתי.

בכל השנים שבהן גידלתי ילדים, המשכתי לעבוד, ללמוד או לכתוב. הרגשתי שעבורי הגשמה עצמית היא שילוב של אימהות עם תחומי עניין אחרים שמייצרים עולם רחב יותר.

כדי שלא לשכפל את ההורות של אמא שלי עברתי תהליך ארוך עם עצמי. המצאתי את האימהות שלי. הדבר הטבעי עבור אמא טרייה הוא לשכפל את האימהות של אמה, אך בנות לאימהות נרקיסיסטיות חוששות מאוד לשכפל את האימהות של האימהות שלהן.

באופן טבעי כל אחת מאיתנו חיפשה ומחפשת את דרכה, בעיקר

בנות לאימהות מדכאות, שמעולם לא טיפחו את בנותיהן ולא ניסו לחזק את ביטחונן העצמי. בנות לאימהות נרקיסיסטיות ישכפלו את האימהות שהייתה להן או שיפנו ממנה והלאה, הדבר תלוי ברמת המודעות שלהן וברצון שלהן לשנות. השאיפה להיות אמא טובה יותר לילדיי עזרה לי ליצור אימהות אחרת. **מבחינתי אם השכלתי להיות קשובה לילדיי, באמת קשובה, הרי שהצלחתי לנצח את השדים החזקים ביותר.**

יש הבדל גדול מאוד בין אימהות לילדים קטנים ובין אימהות למתבגרים ולילדים שכבר בגרו. לבנות לאימהות נרקיסיסטיות אין תמיכה הורית, וכתוצאה מכך גם לא תמיכה רגשית. כמו שהיית לבד כילדה, כך את לבד כאם, את צריכה להמציא את האימהות שלך בעצמך. מילדה מוזנחת רגשית שגדלה עם אם לא אמפתית את אמורה לגדל ילדים בעזרת אמפתיה, הקשבה ורגישות. אני זוכרת רגעים רבים של תסכול ושל בדידות. למרות שבן זוגי עמד תמיד לצדי ברגעים הטובים והקשים, עדיין, להמציא את האימהות מחדש זו משימה מורכבת, בעיקר כשאין את הכלים הנכונים, אין את מי לחקות וממי ללמוד.

ילדים, כפי שכתבתי, אינם מגיעים עם הוראות הפעלה. השנים הראשונות מלאות בהתמודדויות פיזיות בעיקר, ברור שיש גם התמודדות רגשית הקשורה בתחושות תסכול של ילדים קטנים, או שלנו כהורים, אבל הקושי הגדול יותר, לדעתי, הוא כשהילדים גדולים יותר. יש לנו הרבה פחות שליטה על מעשיהם, וגם הבעיות מורכבות יותר וסבוכות.

על הנושא הזה אני חושבת בימים האחרונים. על העובדה שהיו רגעים בהתמודדות עם קשיים שבהם הרגשתי שהגעתי למבוך ללא מוצא, לא רק שלא יכולתי להישען על ניסיון העבר, הייתי צריכה גם להתמודד עם השדים שלי וגם לטפל בבעיה הספציפית שעלתה.

מה שעלה בי לראשונה במצבים הללו היה הרגשת מחנק, רצון
למות, תחושת סוף העולם. אחר כך, אחרי שנשמתי, יכולתי לחשוב
ולהתחיל למצוא פתרונות. במחשבה עמוקה יותר הבנתי מה
הרגשתי. ההרגשה הזאת של רצון למות נבעה משתי תחושות
שהתערבבו יחד: בושה ואשמה, שתי תגובות אוטומטיות שהורגלתי
אליהן. אני כותבת את המילים הללו כך, מכיוון שחלק משליטתה
של אמי בי היה על ידי השפלה והאשמה, ואני ינקתי את התגובות
הללו וסיגלתי אותן לעצמי. על זה אני אומרת לאחרות ולעצמי:
תנשמי... זה לא את, זו אמא שלך.

אני חושבת שאני אמא טובה מספיק, כזאת שאינה מושלמת,
שטועה אבל מנסה לתקן כשהיא מבינה שטעתה. אני אמא מעודדת
ותומכת מצד אחד, וחרדה ודואגת מצד שני. אני מאמינה שהעברתי
את התחושות האלה לילדיי, הלוואי שהייתי יכולה לעשות אחרת.
אני משתדלת מדי יום להיות האם הקשובה ביותר, המבינה ביותר,
לדעת להציב גבולות, להעניק אהבה לילדיי ולוודא שהם יודעים
עד כמה הם אהובים ונפלאים.

חלק שלישי:

מודעות, צמיחה והתמודדות

פרק 13: התנהגות של ילדה מוכה

לא הייתי ילדה מוכה, לא פיזית בכל אופן. אמי לא הכתה אותי יותר מכמה פעמים, אחת מהן הייתה כשהייתי כבר בת שבע־עשרה. אבל לאמא היו "ידיים קלות", כך אמרו בני המשפחה המורחבת. הבעיה העיקרית הייתה שהיא התנהגה באופן בלתי צפוי, ולכן הייתי תמיד דרוכה ומצפה ל"מכות" שיגיעו. זו לא הייתה אלימות פיזית אלא רגשית. אלה היו עלבונות, השפלות, "התנפלויות", כעס לא פרופורציונאלי וגם אלימות מילולית. גם עכשיו כתיבת שורות אלה גורמת לי לקשיי נשימה.

קשה לי לנשום כשאני כותבת את הדברים הללו מכמה סיבות: ראשית, החשד המידי - "את מדמיינת", התקשרתי לבעלי רק כדי לקבל ממנו אישור שאינני מדמיינת, שהדברים הללו קרו, הוא ראה במו עיניו התנהגויות דומות. דבר נוסף הוא "לא אומרים דברים רעים על אמא" - כל כך הורגלתי להשתיק ולשתוק, לא כותבים דברים רעים על אמא, ולא אומרים דברים רעים עליה. קוברים את הרגש עמוק כדי שלא יפרוץ וזהו. זה האינסטינקט הראשוני, אני צריכה תמיד לעבור את השלב הזה כשאני מתיישבת לכתוב את הספר הזה, וזה לא פשוט, זה גורם להצפה של רגשות.

אמא התנהגה באופן לא צפוי, לפעמים כעסה נורא והשליכה עלינו חפצים, דבר שהסתיים לעתים בצחוק גדול. אינני זוכרת מה אמרה אחותי לאמי או מה עשתה, אמא השליכה עליה נעל מן הסלון אל חדר האוכל. אחותי התכופפה כדי לא לחטוף את המכה, והנעל פגעה בתמונה ושברה אותה. אמא שלי שאלה בכעס: "למה התכופפת?" ואחר כך פרצה בצחוק גדול.

כשהייתי ילדה לא ידעתי למה לצפות ומתי. אחרי ארוחת

הצהריים היא נעלה את דלת המטבח, ומה לעשות כשמיד אחרי
ארוחת הצהריים היינו תמיד רעבים? התגנבנו למטבח ואכלנו,
אמא יצאה והחלה להכות. בדרך כלל התחבאנו מאחורי המקרר
- היה רווח צר בין המקרר לקיר ולשם נדחקנו - מי שהיה קרוב
אליה חטף, בדרך כלל אחי ולא אני. הייתי גדולה ממנו. אני מודה
שהיו פעמים שבהן אמא הכתה אותנו או צרחה עלינו ולעתים
אני הייתי אשמה, אבל האשמתי את אחי. לי היא האמינה ולו לא
האמינה אף פעם.

אני הייתי ה"ישרה" והוא ה"שקרן". הייתי אז בת תשע-עשר
ואחי בן שבע-שמונה, אחותי צעירה ממני בחמש שנים, והייתה
קטנה מדי.

ילד מוכה או ילד שחווה התעללות מכל סוג שהוא, אינו יודע
מתי היא תתרחש ובאילו נסיבות, אך הוא או היא יודעים בוודאות
שהיא תגיע. התנהגות לא צפויה גורמת למתח קבוע אצל ילדים,
ולכן הייתי "ילדה עצבנית", כפי שאמא שלי הגדירה אותי. לא
היה לי קל בבית, ולא היה לי קל בבית הספר, ולא היה לי קל עם
עצמי. רציתי להיות טובה יותר, חכמה יותר, מוצלחת יותר, ואף
פעם לא באמת הרגשתי כזאת. אמא לא החמיאה ולא פרגנה, לא
עזרה ולא עודדה ואבא... אבא פשוט לא היה קיים.

אילנה סובול, MA, תרפיסטית קוגניטיבית, מונה רשימת
מאפיינים של התעללות בילדים[4], בין השאר היא מציינת את
ההתנהגות הבלתי עקבית. לטענתה, ילדים הגדלים עם הורים
מסוג זה גדלים בתחושת חוסר ביטחון ואינם מאמינים במבוגרים.
במקרה שלי אני מסכימה איתה.

מעבר למסרים הכפולים, הייתי ילדה שעמדה על המשמר כדי
שלא ישלטו בה, לא יגרמו לה לעשות דברים שלא רצתה, ילדה

---

4 אילנה סובול, אוחזר מתוך www.macom.org.il/author/ilana

שלא רוצה שיבקרו אותה כל כך. כילדה, רוב הזמן רציתי ש"יניחו
לי", והשתדלתי לא להיתקל בבעיות. הכנתי את שיעורי הבית
שלי, לא ביקשתי עזרה, הסתדרתי בעצמי, והשתדלתי להיות
"ילדה טובה".

"עשיתי לאמא הפתעות" - הכוונה היא לכל מיני מחוות
שעשיתי עם אחיי הצעירים כדי לשמח אותה, כמו לסדר את
הבית ולשטוף כלים. המחוות הללו זכו לפרגון ולהבעת אהבה מצד
אמי. כשהתבגרנו היה קשה עוד יותר לשמח אותה. כשאבי פשט
רגל הוריי היו במצב כלכלי קשה, והדברים היחידים ששימחו את
אמי היו קשורים במתן כספים או ברכישות עבורה ועבור אבי;
גם את זה עשיתי, כשהייתי מסוגלת כלכלית ואפילו כאשר לא.
בן הזוג שלי ראה אותי במצוקתי, ועשה מעל ומעבר כדי לסייע
להוריי. תודה קיבלנו בפה עקום ובהאשמות על עושק שלהם. לא
ממש תודה, לא ממש פרגון, בעיקר נשאר טעם רע.

פרק 14: התמודדות עם כישלון

כולנו חווים כישלונות בחיינו. החוכמה היא איך מגיבים להם
וכיצד מתאוששים מהם. בנות לאימהות נרקיסיסטיות מורגלות
בכישלונות כמעט מהרגע שבו יצאו אל אוויר העולם. הכישלון
הגדול ביותר מבחינתן, עוד כילדות צעירות, הוא שהן לא מצליחות
להיות נאהבות על ידי אימותיהן רק בשל העובדה הפשוטה שהן
הבנות שלהן. מגיל צעיר מאוד הן משתדלות כל כך לזכות באהבה
הזאת, שאמורה להיות טהורה וזכה וללא תנאים, והן נכשלות תמיד.
הן תתנסינה באהבה הנכזבת הזאת פעמים רבות בחייהן, ובכל
פעם תבחרנה להתאהב בגברים שלא יחזירו להן אהבה, אולי כדי
לשחזר בדרך עקומה את הכישלון הבסיסי באהבה שבין האם לבתה.

בגיל צעיר בנות אלו אינן מבינות שמדובר במום רגשי של
אמותיהן, שאין להן דבר וחצי דבר בו. האימהות שלהן לא ידעו
לאהוב אותן, כפי שלא ידעו לאהוב את בני זוגן. בגלל חוסר ההבנה
של עניין זה, הבנות חושבות שהן אלה שאינן ראויות לאהבה. אם
אמא שלהן לא הצליחה לאהוב אותן, איך יצליחו אחרים? הרי הן
מסתירות מאחוריהן סוד נורא - והסוד הוא שהן אף פעם לא היו
באמת ראויות לאהבה.

כישלונות הם רק סימן לכך "שהם צדקו" או "שהיא צדקה" - בסך
הכול חשיפה של רמאות אחת גדולה שנקראת הן. שום כישלון
אינו מפתיע אותן, הוא רק מצדיק את מה שהן חשבו על עצמן
קודם לכן, ולהיפך, כל הצלחה, אפילו קטנטנה, היא נס גדול או
פשוט התחזות שמיד יתגלה שאין מאחוריה דבר.

התנסיתי באלפי כישלונות קטנים וגדולים לאורך חיי. העבודה
העצמית שלי גרמה לי להבין שאולי בכל זאת יש בי משהו מוצלח.

לאורך השנים כל כישלון היה אישור קטן לתחושת היותי לא ראויה, ועד היום, כשאני מתבוננת בעצמי מן הצד, אני מתפלאת ממחוות של אהבה, נדיבות, חמימות, דברי שבח כלפיי. התגובה הראשונה שלי לכישלון היא מעין "מגיע לי", זו תגובה אוטומטית, לוקח לי זמן לעבד ולהבין שאני לא ראויה לכישלון.

אם לא מתנסים אז לא נכשלים, חשוב להתנסות וחשוב גם להיכשל, למעשה אנחנו לומדים בעיקר מכישלונות, וכישלונות מחשלים אותנו. אנחנו נופלים וקמים וממשיכים הלאה. ברוב המקרים לא קשה לי במיוחד להרים את עצמי מכישלון. זה קשור בדיבור עצמי ובניסיון חיים עשיר. אני יודעת ש"מה שלא הורג אותי מחשל אותי".

אבל זכורות לי פעמים שבהן הרגשתי כישלון חרוץ, עם כל מה שמשתמע מכך. כישלון זה לא רק להיכשל, זה גם להרגיש בושה איומה שמתלווה לכישלון, ופחד שאחרים יראו אותך נכשל.

דוגמה לכך היא מקרה ספציפי שזעזע את עולמי לכמה ימים. היום, בראייה לאחור, אני אפילו מתקשה לזהות את הבחורה הצעירה הזאת, שעולמה כל כך זועזע על ידי איש לא רגיש במיוחד. כשהייתי סטודנטית לתואר שני בספרות עברית, השתתפתי בקורס אצל אחד הפרופסורים המכובדים בתחום, שמאז יצא לפנסיה. היו לי עימו כמה ויכוחים שנגעו לגישה מדעית זו או אחרת (לי היו דעות מעט חתרניות, אני מודה. מצד שני, אם אתגרתי אותו, הרי שהייתי אקדמית לחלוטין, למעשה זה כל העניין במחקר, להתבונן מכמה כיוונים, זה לא כזה אסון). לעולם לא אשכח שיחה בינינו שהתקיימה במסדרון, ליד המדרגות של בניין רוזנברג, כמה חודשים לאחר שהתחיל הקורס. הוא אמר לי שאני "אסון לאקדמיה". אינני בטוחה שאכן הייתי כזה אסון, והיום אני יכולה להתבונן על הדברים שאמר ולגחך לעצמי, אבל אז לבי נשבר: הרגשתי אשמה נוראה ובושה, כי הרי "אני אסון גדול לאקדמיה".

לילות שלמים לא ישנתי, הרגשת המועקה הייתה איומה מהכול, היא רבצה על חזי ולא נתנה לי מנוח. לא משנה מה נאמר סביבי, וכמה ניסה לעודד אותי האיש שאיתי, שרק אותו שיתפתי במילים האיומות הללו שאותן שמעתי, לא היה אפשר להקל את הרגשת הכישלון העצום שחשתי אז, שהייתה מתובלת ברגשות אשם עזים ובבושה גדולה. אולי מה שאמר האיש הוא הוכחה לכך שאני אכן כישלון? ואולי לא רק אסון לאקדמיה אלא אסון באופן כללי? מה שקרה נקשר במוחי כמובן בכישלונות קודמים ובכאבים דומים, ועוצמת הפגיעה הייתה איומה מבחינתי. בסופו של דבר סיימתי את התואר בהצלחה, והוכחתי לעצמי שאולי, בסופו של דבר, לא הייתי כזה כישלון גדול.

היום אני רק חושבת עד כמה היה האיש חצוף. גם אם לא הסכים עם דעותיי, איזו זכות הייתה לו לדבר כך לסטודנטית שלו?

פרק 15: נקודת השבר - מתי הבנתי שיש לי אמא נרקיסיסטית?

בביקור האחרון שלי בארץ התארחתי בבית מלון. בכל בוקר, התעוררתי ליום של ים כחול וחול של זהב. השתדלתי ללכת בכל בוקר על החוף, להקשיב לגלים וליהנות מהיום החדש, ורק אחר כך להתחיל את היום. את לוח הזמנים צופפתי. ניסיתי לחוות כמה שיותר אירועים וחוויות טובות. התקבלתי לאגודת הסופרים והשתתפתי בטקס, הענקתי עם משפחתי המורחבת מלגות כמדי שנה באוניברסיטת בר־אילן, ביקרתי מרצה מיתולוגית שלי, והתרגשתי עד מאוד. פגשתי בני דודים ודודים, וכמובן נהניתי עד מאוד מחברותיי ומחבריי היקרים.

פגשתי גם את אמא שלי ואת אחי ומשפחתו, אלה היו החלקים הטעונים ביותר והכואבים ביותר. אני מרגישה שאני הולכת על ביצים, מנסה לא ליפול לבורות, ובכל זאת נופלת. את הכאב לקחתי איתי, וכתמיד, הייתי זקוקה לזמן כדי להירגע ולהרגיש מוגנת שוב עם בעלי וילדיי, הרחק מארץ אהבתי אבל גם הרחק ממה שכואב. אמא שלי אינה בוחלת באמצעים כדי להשיג את מה שהיא מבקשת, ואין לה בעיה אם זה גורם לי לכאב ופוגע בי. לא התרגלתי לזה עד היום הזה, ונראה שגם לא אתרגל. אני שומרת על קשר מינימלי איתה, מתקשרת אליה פעם בשבוע ולא משתפת אותה בחוויות אישיות.

אימהות נרקיסיסטיות פועלות רק ממניעים של כדאיות עבורן, הן לא אמפתיות או מתחשבות, אם יש להן יעדים הן ישיגו אותם, לא משנה באיזו דרך. במשך שנים רבות בעלי ואני פרנסנו את

ההורים שלי, ולאחר שאבי הלך לעולמו אנחנו מפרנסים את אמי. פעם או פעמיים בשנה נהגנו לשלוח לה כרטיסי טיסה ולהזמין אותה לביקור. בפעם האחרונה שהיא ביקרה אצלנו (לפני למעלה משנתיים), היא רצתה שכמו תמיד נממן עבורה טיול ללוס אנג'לס, לבקר את המשפחה המורחבת של אבי. הפעם סירבתי לבקשתה. היא הגיעה בדיוק בתקופת החגים, כמה ימים לפני ראש השנה, כמה ימים אחרי שפרקנו בפעם השלישית את תכולת ביתנו, לאחר ששוב עזבנו את הארץ והתיישבנו חזרה בסיאטל.

"אמא", אמרתי לה, "אלה חגים ובאת להיות איתנו, למה לנסוע ללוס אנג'לס?" היא לא קיבלה את מבוקשה ועל כך היא כעסה מאוד.

לא עבר יום, והייתה סצנה איומה שממנה והלאה למדתי לשמור על עצמי, וכשהאירוע קרה הבנתי שיש הרבה לבדוק, לברור, לברר ולחשוב מחדש. הייתי במצב נפשי נורא. זאת הייתה הפעם הראשונה שבה הבנתי שמשהו מאוד לא בריא קרה וקורה לי כל ימיי - משהו מוזר שאי אפשר להסבירו כ"אהבת אם". הרי אימהות אמורות לרצות את טובתן של בנותיהן, אז איך זה שלי אין אמא כזאת? ואיך זה שרק בגיל חמישים אני סופסוף יכולה להניח את האצבע על החולי ולומר - לא עוד?

אמא שלי עשתה סצנה נוראה שכללה משיכה בשערות, צרחות ובכי מפחיד כשל חיה פצועה - כרגיל, תגובה לא צפויה (בזה היא טובה, לאורך השנים חוויתי חוויות רבות לא צפויות). אחר כך כבר לא היה אפשר להשיב את הגלגל אחורנית, אפילו לא לקשר סביר. אני לא מרגישה בנוח לשתף אותה בחיי, ברגשותיי, במחשבותיי, שמא תעשה בהם שימוש לצרכיה ונגדי. לאורך השנים היא השתמשה בדברים פרטיים שסיפרתי לה כדי להתבדח על חשבוני, לפגוע ולהרגיש חזקה, גם כשהייתי קטנה וחלשה.

ברור שהיא טסה ללוס אנג'לס. היא התקשרה למשפחה שם וסיפרה שמתעללים בה. הם שלחו לה מיד כרטיס טיסה כדי "לנוח". מאז אמא שלי לא הגיעה לביקור אצלנו. איננו מזמינים אותה יותר.

היא מנסה להגיע אליי בכל דרך אפשרית. בהתחלה ניסתה להמריד את המשפחה המורחבת, לשמחתי ללא הצלחה. עד היום היא ממרידה את שני אחיי נגדי, והיחסים בינינו עכורים במקרה של אחי ולא קיימים במקרה של אחותי. כשבניי מתקשרים אליה היא מנסה להסית אותם נגדי.

לאורך תהליך הכתיבה הגענו, אמי ואני, למצב שבו אני מתקשרת אליה כל כמה ימים, והיא לא מחפשת אותי ולא מתקשרת אליי. אני שואלת אותה לשלומה, והיא מתארת ארוכות את מצבה הבריאותי ומעשיה; לקראת סוף השיחה היא שואלת לשלומי, כמה משפטים ממני והשיחה מסתיימת, עד לפעם הבאה. בן זוגי טוען שאמי איבדה בי עניין מכיוון שאינני מספקת לה יותר את הסיפוק הנרקיסיסטי. זה עדיין מעציב אותי, אני חוזרת להתאבל על מה שלא ממש איבדתי וחוזרת לחיי היומיום.

פרק 16: התמודדות עם קשיים -
קושי כהזדמנות ללמידה

אחד הנושאים הכואבים והמורכבים בלהיות בנות לאימהות
נרקיסיסטיות הוא ההתמודדות עם קושי. אני מרגישה שאני
נושאת באחריות לכול - למה שצריך ולמה שלא. בכל פעם
כשאני נתקלת במשהו שיש לי תחושה קשה לגביו או כשאני
מרגישה שעומד מולי קיר שלא ניתן להזיזו, התהליך דומה. אני
לא מוותרת בקלות, מנסה להתמודד בכל מיני דרכים, להיות
יצירתית ולהתבונן על הקושי מנקודות מבט שונות, ובסופו של
דבר אני מתישה את עצמי.

בשנים האחרונות ניתקתי קשר עם אנשים שהבנתי ששום דבר
טוב לא יצא ממערכת היחסים הלא מוצלחת שבינינו. אני מרגישה
שניסיתי וניסיתי, וככל שהתאמצתי דבר לא השתנה. אני מנסה
להבין אם מערכת היחסים תשתנה אם אשנה משהו, וכשהמסקנה
שלי היא שלא, אני מרימה ידיים ונוטשת את המערכת הזאת. זה
לא פשוט אבל אפשרי. אני מרגישה שמבחינתי זה בריא יותר
מאשר להישאר במערכת יחסים מכאיבה ומתסכלת.

יש מקרים שבהם ברור לי שאני לא נוטשת, למשל כשיש בעיות
בתוך המשפחה. שם אני לא נוטשת כי אני אוהבת, ואני מבינה
שבאהבה יש חומות ויש קשיים. אני מנסה לבדוק אולי יש משהו
שעוד לא ניסיתי. במקומות האלה אני נופלת. אלה הנקודות
הכואבות והקשות ביותר שאני מתמודדת איתן.

אין לי מושג איך אנשים אחרים מתמודדים, איך הם מציבים
גבולות ושומרים על עצמם? עד היום לא הצלחתי ליצור כאלה,

אז אני נופלת. התהומות הם לא מקום טוב, אם כי די מוכר... אינני יודעת אם לצחוק או לבכות כשאני מציינת את זה. כשאני יוצאת מהתהום אני יכולה להסתכל לתוכה ולומר לעצמי: "שוב עשית זאת, יצאת מזה, וזה לא היה כל כך נורא כמו שחשבת".

בתהום הזאת אני פוגשת את טלי הילדה הקטנה, חסרת האונים. אך כשאני נזכרת שאני כבר לא כל כך חלשה וחסרת אונים, אני מסוגלת לצאת מהמקום הזה שבו אני מרגישה חרדה.

קשה לתאר את ההרגשה הזאת, אבל אנסה: כשאני "שם", אני מרגישה כישלון מוחלט. כישלון כאם, כישלון כאישה ובטח כישלון כרעיה.

אני מרגישה שאני לא טובה מספיק, ואם אני לא מספיק טובה אז בשביל מה כל זה? ברגעים כאלה עולים בראשי משפטים כמו: "אני רוצה בעצם להיעלם מפה. לברוח עד לקצה העולם ולהישאר שם לתמיד". הדיכאון הוא תחושה נלווית המוכרת לי היטב. דיכאון וייאוש. זה מוזר, כי האנשים שסביבי, אלה שרואים אותי מדי יום, לא יעלו בדעתם שאני נופלת לתהומות הללו.

עכשיו, כשאני מטפלת בעצמי ומסוגלת להבין את התהליכים, אני יכולה לצאת מתהומות הייאוש הרבה יותר מהר. לפעמים זה עניין של שניות או דקות, לעתים יותר. גם עכשיו, כשאני מבינה בדיוק מה קורה ולמה, אני נופלת מדי פעם לדיכאון. גם כשאני מרגישה שאני מבינה הכול, יודעת הכול, ואין לי יותר מה לחשוף ולהעלות, בכל זאת יש פער בין הידיעה לרגש.

העובדה שאני מבינה מה קורה לאו דווקא מועילה. במקרים כאלה אני חושבת לעצמי: "לשם מה כל זה? הרי אין תקווה שאי פעם באמת ארגיש משוחררת מהכבלים הללו, מתחושות האשם, מהבושה, מההרגשה שלעולם לא אהיה ראויה". אלה נקודות כואבות. כואבות מאוד אפילו. כדי לצאת מהמקום הזה אני צריכה

חיבוק או מילה טובה, ולומר שקשה לי ושאני צריכה עזרה. אלה דברים שעד היום קשה לי לבקש. אני רגילה להיות חזקה ולתת לאחרים, קשה לי להיות בצד השני.

בנות לאימהות נרקיסיסטיות מורגלות לקשר שבו הן היוזמות, הן העושות, הן המשתדלות "להשיג את האהבה הבלתי מושגת". החלטתי בשנים האחרונות להפסיק עם זה. החלטתי להפסיק להכאיב לעצמי - אלו תובנות בריאות מבחינתי. "בוקר לא טוב" הוא בוקר עם תובנות. בנפילות למקומות הנמוכים ביותר לומדים המון על עצמנו - "מה שלא שובר אותנו בונה אותנו". אני לא משתמשת במילה "מחשל" כי אנחנו מחושלות, אבל כשמתבוננים על קושי כעל אפשרות וכעל הזדמנות לבנייה, קל הרבה יותר להתמודד.

עברו שנתיים מאז כתבתי את הפרק הזה וחמש שנים מהרגע שבו הבנתי שאני בת לאם נרקיסיסטית. העבודה העצמית והתובנות גרמו לכך שאין יותר נפילות לבורות חשוכים. יש מדי פעם עצב על כך שלא גדלתי עם אם אמפתית, ותובנות על כך שמה שלא קיבלתי גרם לחוסר ולקשיים מסוימים אבל גם חישל אותי, בנה אותי והביא אותי להיות האישה שאני היום, האם שאני היום. אני לא מושלמת (מי כן?), אבל טוב לי בתוך העור שלי.

החושים שלי התחדדו מאוד, אני מזהה נרקיסיסטים במהירות ונשמרת מהם. החברויות שלי השתנו לאורך השנים, ואני שמחה לכתוב זאת, מכיוון שהן הרבה יותר בריאות היום. כשאנו, בנות לאימהות נרקיסיסטיות, מגיעות לתובנות ועוברות את כל התהליכים שעליהם כותבת מקברייד, אנו יכולות לחיות חיים מאושרים, חיים שבהם אין דיכאונות ורגשות שליליים כלפי עצמנו. אנו יכולות להתחיל לאהוב את עצמנו, לקבל את עצמנו ולחיות חיים משוחררים מרגשי אשם, מכאב, מההרגשה שאיננו טובות דיינו.

חלק רביעי:

הדרך להחלמה - הבנה, קבלה והשלמה

פרק 17: פער בין הרגש להיגיון - שלב בדרך להחלמה

לאחר שהתאבלתי והפנמתי את מצב הקשר שלי עם אמא שלי, נותרה בעיית הפער שבין הרגש למחשבה. אני מבינה שלאמא שלי יש תסמונת שאינה ניתנת לריפוי. אני מבינה שמעולם לא אהבה אותי כפי שאם בריאה אוהבת את ילדיה, ולעולם גם לא תאהב. אני מבינה שהיא עשתה ועושה כמיטב יכולתה, ואינני מאשימה אותה בדבר, ובכל זאת הכאב איננו מרפה. אולי אלה הפערים שבין האישה הבוגרת שאני ובין הילדה שבתוכי, שאיננה מבינה איך זה שאמה לא אוהבת אותה? שמעולם לא אהבה, והיא רואה רק את טובת עצמה. אם טובתה מסתדרת עם טובת האחרים אז יופי, ואם לא, היא תשיג את מבוקשה בכל דרך אפשרית.

הפערים הללו קשים לגישור ואין תשובה חד משמעית איך אפשר לגשר עליהם. בתהליך שאני עוברת קיבלתי כמה כלים להתמודדות. אחד מהם הוא שבועת 'המכורים': "אלי, תן לי את השלווה לקבל את הדברים שאין ביכולתי לשנותם, את האומץ לשנות את אשר ביכולתי, ואת התבונה להבחין בין השניים". אני מנסה לשנן את השבועה הזאת, יש בה חוכמה ויש בה משהו מעצים, כי הכוח הוא אצלי.

גישה נוספת שהכרתי ואני נעזרת בה היא שיש לתת לרגשות לעלות, לא להיבהל מהם ואז לשחררם. מדובר בטכניקה הנקראת Mindfulness[5] - תהליך ריפוי המשלב תשומת לב לרגשות עם מדיטציה, יוגה ומודעות לרגע עצמו.

5 קְשיבוּת הידועה גם בשמות מודעות קשובה או מיינדפולנס (Mindfulness) היא התהליך הפסיכולוגי של הבאת תשומת לב מכוונת ובלתי שיפוטית לחוויות המתרחשות בזמן הווה, ושאפשר לטפח באמצעות תרגילי מדיטציה.

גם הזמן מרפא וגם המודעות. ההבנה מה קורה אצלי עוזרת להתמודד עם הקשיים. אם פעם הנפילה לתהומות הייתה ארוכה ומפחידה, היום הנפילות הן הרבה יותר קצרות ומקומיות, אני מצליחה לגשר בין הפערים מהר יותר, ולקצר את הנפילות. התהליך הוא ארוך וקשה ובעיקר כואב, אבל הכרחי לעבור אותו כדי להחלים מבחינה רגשית.

מבחינתי, הקושי העצום הוא ביחסים שלי, כבת לאם נרקיסיסטית, עם ילדיי. אני מבינה שאינני אמי, לא גידלתי את ילדיי כפי שהיא גידלה אותי, ובכל זאת, הפחד שמא פגעתי או אפגע ביקרים לי מכל הוא בלתי נסבל. אני יודעת שאפילו המחשבה על כך היא בריאה, הרי לא הייתה עולה מחשבה דומה על דעתה של אמי, אז מדוע אני מרגישה עדיין כל כך מפוחדת?

הפערים שבין ההיגיון לרגש, כך למדתי, הם שלב שעוברים בדרך להחלמה. יש תקווה לבנות לאימהות נרקיסיסטיות. לא תמיד יתקיים הפער הזה, ואם יתקיים הוא ילך ויפחת. רגשות לא רק יכו בבטן, הם יזכו לביטוי, כי במקום שיש בו אהבה וסובלנות אפשר לבטא רגשות ללא פחד. מקום בטוח המאפשר ביטוי יאפשר לבנות כמוני ולאחרות לצמוח. צמיחה מאפשרת התגברות על "שריטות" מוכרות, מאפשרת יחסים בריאים יותר, מאפשרת ביטחון אישי ומאפשרת לנו לבטוח באנשים אחרים. מבחינתי, חוסר היכולת לבטוח עד הסוף במישהו היא אחד הקשיים הכואבים ביותר שיש לי כבת לאם נרקיסיסטית, כרעיה, כאם, כחברה. חוסר היכולת לבטוח עד הסוף היא בעיה שמקשה על בני הזוג שלנו. זהו ערעור על הזוגיות, זהו מקום מכאיב לשני הצדדים. יש בזה משהו לא הוגן כלפי בני הזוג שלנו.

המודעות לנרקיסיזם תעזור לנו לבחור טוב יותר את האנשים המקיפים אותנו. לעתים אני מצליחה לזהות טיפוסים נרקיסיסטים

בקלות ומיד מתרחקת מהם, לפעמים אני לא מבינה אפילו שזאת הסיבה שיש לי רתיעה מאנשים מסוימים, מאוחר יותר אני לומדת על היותם נרקיסיסטים. תחושת הבטן שלי מופיעה הרבה לפני שהלב והמוח מבינים, הרי זאת הייתה הלמידה הראשונית שלי, הלמידה הבסיסית שבה בטחתי כל חיי, היא אף פעם לא הכזיבה. גם כשלא הבנתי, גם כשלא הייתי מודעת.

אנו צריכות ללמוד לסמוך על תחושת הבטן שלנו. היא לא משקרת. היא הדבר הקרוב אלינו ביותר מבחינה רגשית. תחושת הבטן והנשימה מסמנות סכנה, מסמנות קושי, מסמנות טוב ושמחה. אם תחושת הבטן מסמנת לי שמשהו לא תקין אז הוא לא תקין, נקודה. תחושת הבטן היא החלוצה, אחריה אפשר לחשוב ולנתח את השלבים הבאים.

במוצאי יום הכיפורים לפני כמה שנים הייתי שקועה בקריאת ספר, מולי ישבה אמי שקועה בספר משלה. לפתע הרימה את עיניה ואמרה: "אני לא חושבת שאי פעם פגעתי במישהו בעולם הזה". אולי משפט כגון זה יכול להעביר את החוויה שלי כבתה הפגועה.

פרק 18: תהליכים של החלמה רגשית

השלב הראשון לפי התיאוריה של מקברייד הוא זיהוי ההפרעה. אחרי הזיהוי מתחיל תהליך של למידה עצמית - "לא איך זה נראה, אלא איזו הרגשה זה מעורר". מקברייד מציגה מודל בן שלושה שלבים:

שלב ראשון: הבנת הבעיה בחלק הקוגניטיבי - אצלי זה קרה כשסירבתי לממן לאמי נסיעה לדודיי בלוס אנג'לס מיד לאחר שהגיעה אליי לחגים לסיאטל. תגובתה חסרת הפרופורציה והמפחידה גרמה לי להבין שהיא חולה.

שלב שני: עיבוד הרגשות - שלב של אבל, הרגשת הכאב, תכנות מחדש של המסרים שהועברו אלינו בילדותנו. ממש להתאבל על הילדות שהייתה לנו ללא אם אמפתית, לא לפחד מהכאב אלא לתת לו לחדור ולהציף. עד היום, הכאב הזה מציף אותי מדי פעם. אני כבר לא נבהלת ממנו אלא נותנת לו מקום. פעמים רבות אני מרגישה את הילדה שהייתי ומשמשת לה אם בעצמי. השינויים המחשבתיים יבואו בעקבות התובנות והצפת הכאב. דוגמה לשינוי בתבניות הוא המסר - "אני טובה דיי, כמו שאני". מסרים שליליים משתנים לחיוביים, ואנו מתכנתות את המוח שלנו לחשיבה חיובית לגבינו כנשים, כאימהות, כבנות, כרעיות וכחברות.

שלב שלישי: להגדיר מחדש - התבוננות בנפרדות שלנו מהאימהות שלנו, החלטה להשתנות, השינוי שבא מבפנים. התובנות מהשלב הקודם עוזרות לנו להגדיר מחדש את מי שאנחנו. ההחלטות שלי היו לקבל את אמא שלי כמו שהיא ולאהוב אותה. החלטתי גם

לשמור ממנה מרחק ולא לשתף אותה בחיי היומיום שלי. ההחלטה הקשה ביותר ביחס לאמי הייתה לא להיפגע ממנה. אני מודה שלפעמים קשה לי לקיים את זה. הרצון הזה לקבל אהבה מאמי נמצא חזק מאוד בתוכי. אני מבינה שהיא עושה כמיטב יכולתה, ומשתדלת לא לפתח ציפיות בנוגע ליחסה אליי. החלטות הנוגעות אליי ולחיי קשורות בעיקר בקבלה עצמית ובאהבה עצמית. "אני טובה דיי", ראויה לאהבה.

השלבים כולם חשובים מאוד, אומרת מקברייד, אבל השלב השני הוא הקשה ביותר, ואסור בשום אופן לנסות ולדלג מעליו. חשוב לתת לרגשות ולזיכרונות לצוף ולהציף, חשוב לשהות בתוכם, חשוב לתת להם להתפוגג מהמערכת שלנו בסופו של דבר, רק אז נוכל להיות חופשיות, באמת חופשיות.

בשלב זה אנו מקבלות את המגבלות של האימהות שלנו, יוצרות את הנפרדות מהן, מחזקות את האותנטיות של ה"אני" שלנו, יוצרות קשר אחר עם האימהות שלנו בצורה בריאה יותר, ומטפלות בחלקים הנרקיסיסטיים שלנו כדי לא להעביר אותם לדור הבא.

חשוב להבין שהאימהות שלנו פגעו בנו, לא בכוונה אבל פגעו. חשוב להבין את הפגיעה ולהשלים עימה. חשוב להבין שחוסר היכולת שלהן לאהוב אותנו היא קושי שלהן ולא שלנו. כל אחת מאיתנו ראויה לאהבת אם, אך האימהות שלנו לא רק שלא היו מסוגלות לאהוב אותנו, אלא אף גרמו לנו להרגיש שאנחנו לא ראויות לאהבה.

אצלי זה בא לידי ביטוי בצעירותי בנושא של אהבה זוגית. היה לי ברור שאשאר לבד, לא חשבתי לרגע שאמצא אי פעם מישהו שיאהב אותי באמת. עד היום אני שואלת את עצמי - איך זה שמישהו באמת אוהב אותי כמעט שלושים שנה? קשה להתנתק מהרגלים ישנים.

אני צריכה פעם אחר פעם להזכיר לעצמי שאני ראויה לאהבה, שהעובדה שהורגלתי לחשוב באופן מסוים לא בהכרח חייבת להישאר כך. עליי "להגדיר מחדש" בכל פעם את מי שאני, ואת העובדה שאני ראויה לאהבה זוגית, לאהבה הורית מילדיי, לאהבה חברית מחבריי, אני ראויה, וכך גם כל אחד ואחת מכם.

תנו לרגשות האובדן לעלות ולהציף. אל תדחקו את הרגשות הללו, אומרת מקברייד, חייבים לתת להם מקום, כי דרך הכאב עצמו תבוא ההחלמה.

מקברייד מציינת חמישה שלבים של אבל על הילדות שלא הייתה לנו, ועל האימהות שלא יכלו לאהוב אותנו ולהכיל את רגשותינו:

1. **קבלה:** זהו השלב הראשון של ההחלמה. עלינו לקבל את העובדה שהאימהות שלנו היו מוגבלות ביכולת הנתינה וביכולת האהבה שלהן.

2. **התעלמות:** כילדות היינו חייבות להתעלם מהעובדה שהאימהות שלנו לא היו מסוגלות לאהוב אותנו ולהיות אמפתיות כלפינו - כדי לשרוד. היינו זקוקים להתעלמות הזו כדי לגדול ולהתפתח.

3. **התמקחות:** במשך כל ימי חיינו קיווינו שהאימהות שלנו יאהבו אותנו, שמשהו ישתנה. חיינו עם קונפליקט פנימי וחיצוני. השתדלנו במשך שנים ארוכות לזכות באהבתה של אמא שלנו, ובקבלה שלה אותנו כמו שאנחנו, ללא תנאים ובכל מצב, ולא בקבלה שלה אותנו בזכות מעשים שעשינו.

4. **כעס וזעם:** אנו חשות כעס על כך שהצרכים שלנו לא מולאו כילדות, כנערות, כבחורות צעירות. הכעס הוא על ההזנחה הרגשית שפגעה בנו קשות, ועל כך שההזנחה הרגשית גרמה וגורמת לנו להרגיש לכודות במעגל חסר מוצא.

5. **דיכאון:** אנו חשות עצב מכיוון שעלינו לשחרר את המחשבה על האם האוהבת, על האם התומכת והמעצימה. עלינו לוותר על

הרצון הילדותי הזה. אנו חשות כאילו אנו יתומות או חסרות אם. אנו מתאבלות על כך שלא נזכה לאם שהיינו מאחלות לעצמנו.

מכאן והלאה הטיפול שלנו תלוי הרבה מאוד בנו. יש מי שיסתגרו בבתיהן, יסגרו את התריסים ואת הווילונות ויתאבלו בשקט, אחרות יכתבו יומן וכן הלאה. האבל על האם שלא הייתה ולא תהיה לנו צריך לבוא לידי ביטוי.

רגשות עולים ומציפים, כולל רגש אשמה שעולה "כשחושבים מחשבות רעות על אמא". זה רק טבעי, טוענת מקברייד, ומציעה לתת לרגש לעלות ולצוף, לתת לו מקום, וגם לרגשות קשים אחרים כמו אובדן הילדות, או המחשבה שבעצם מעולם לא עברה עלינו ילדות, או שמעולם לא ממש יכולנו לאפשר לעצמנו להיות ילדות, סתם ילדות. אני הייתי "בוגרת מאוד לגילי", ולא יכולתי להישען על אף אחד. אף אחד לא פתר לי בעיות, ידעתי שאוכל לסמוך רק על עצמי. זה עצוב, נכון, אבל זה גם עיצב וחיזק אותי. באופן כללי אפשר למצוא בכל קושי משהו חיובי.

בנות לאימהות נרקיסיסטיות, ואני בתוכן, מתקשות מאוד להתמודד עם האמת, עם כך שלא היו באמת אהובות מעולם על ידי אימותיהן, מתקשות לקבל את העובדה שלא גוננו עליהן; הקושי הגדול ביותר שלי הוא להוציא את כל הדברים הללו החוצה בלי לחוש בושה ואשמה גם יחד, בעיקר בשל העובדה שאמי קשישה ותלויה בחסדיי. מבחינה רגשית אני מתנדנדת בין הרצון להציל אותה ובין הרצון להציל את עצמי. כשאני נמצאת במחיצתה לעולם אינני יודעת מתי ומהיכן תפרוץ הפוגעניות שלה. אני מכינה את עצמי תמיד לרע מכל מבחינתי, ומנסה להיות קשובה וחומלת. זה מצב מורכב ולא קל להתמודדות.

האם אפשר בכלל להשתחרר מהמורכבות הזאת בתוכנו ומחוצה לנו? **אני חושבת שהמודעות היא צעד ענקי בדרך להחלמה.** מודעות

והבנה, ועם זה גם לתת לעצב, לתחושת האובדן, לייאוש, לכל
הרגשות הקשים, להיות קצת בתוכנו, ולשחרר בהדרגה כל רגש
כזה ולנסות ולהחליפו במחשבה חיובית. מחשבות חיוביות על
עצמנו, על היכולות שלנו, על האהבה שיש לנו ועל האהבה
שאנחנו מקבלות מהסביבה שלנו ללא סיבה. קוראים לזה "אהבת
חינם". מגיעה לנו אהבה כזאת, בדיוק כמו שמגיעה אהבה מסוג
זה לסובבים אותנו.

הרגשות שהייתי צריכה להתמודד איתם היו מורכבים, כפי
ששיתפתי כאן. אני חושבת שמודעות היא כבר חצי מהדרך
להחלמה, ועזרה ועבודה עצמית משלימות את התהליך. מודעות
לבדה אינה מספיקה, יש צורך לעבור תהליך של ריפוי ושל החלמה.

פרק 19: ללמוד להציב גבולות ולהקשיב לתחושת הבטן

גבולות! אולי הנושא הבעייתי ביותר עבור נשים כמונו. לא לימדו אותנו מהם גבולות, ואיך מציבים אותם. לא לימדו גבולות בין אם לילדיה, בין אחים, בין משפחה מורחבת ובין זו הגרעינית. כילדה וכנערה מתבגרת הפרטיות שלי לא נשמרה מעולם. כל מה שעבר עליי, ושלא ביזה את אמי, הפך מיד לנחלת הכלל. לא הייתה לה בעיה לבייש אותי, להכאיב, להשפיל, ובלבד שהיא תהיה במרכז העניינים של המשפחה.

כילדה צעירה לא הבנתי את חשיבות הגבולות שבין האנשים. כשהתבגרתי, כבר בגיל העשרה, נחשבתי ל"לוחמת צדק וחופש" במשפחתי, אבל כשאני מתבוננת ממרום שנותיי על המרדנות שלי, אני רואה שהמרד היה קשור בעיקר בגבולות המטושטשים שבהם גדלתי. גדלתי במשפחה שבה אפשר היה לומר מה שרוצים ומתי שרוצים בכל צורה אפשרית. פולשנות ורמיסה היו לגיטימיות בכל צורה ואופן. כמי שצפתה פעמים רבות בסרט "החתונה היוונית שלי" אני יכולה לומר שמצאתי דמיון מסוים למצבי. בסרט מוצגת משפחה פולשנית, אך שם בניגוד למשפחה שלי יש כבוד לרצונות השונים, והאם בסרט מגוננת ותומכת ברצונותיה של בתה למרות שהם נוגדים את המסורת שממנה היא באה.

זה לא היה המקרה אצלי. גבולות נרמסו באופן קבוע, והתוצאה מבחינתי הייתה מלחמת חורמה בגבולות הרמוסים וחיפוש אחר השקט והשלווה, ואפילו חיפוש עיקש אחר "מי אני בכלל" בתוך כל ההמולה שהייתה.

כאדם מבוגר אני יכולה לומר שהגבולות שלי עדיין מופרים אבל במידה פחותה. למדתי להקשיב לתחושת הבטן שלי. אם אני מרגישה שמשהו לא נכון, הוא אכן לא נכון. החשיבה באה אחר כך, הבטן יודעת ראשונה.

לגבולות ביני ובין אמי, ביני ובין בן הזוג שלי, ביני ובין ילדיי ובמעגלים נוספים בחיי, יש חשיבות גדולה. הגבולות הללו שומרים עליי ועל הסובבים אותי. הצבת הגבולות מאפשרת לילדיי לצמוח, להיות מי שהם ללא קשר אליי. האהבה איננה רומסת, פולשנית או חסרת גבולות, להיפך, האהבה מאפשרת לי ולסובבים אותי לצמוח לכיוונים שונים תוך אמפתיה וכבוד הדדי.

גבולות - רויטל שירי-הורוביץ

אני משרטטת גבולות ביד נאמנה,
יציבה היד המשרטטת גבולות.
הגבול הראשוני היה שדה התעופה
ועכשיו הוא זז לחניון הבית,
ועוד מעט יזוז הגבול
ויעלה אל הקומה הראשונה,
יפתח את הדלת ויפגוש בך.
את תמהרי לקראתו במבט זועף
ומאשים ותאכילי אותו במעדנייך.
אמרתי לך: אמא, אינך
יודעת היכן את מתחילה והיכן אני
נגמרת - את אינך אני, אני אינני את.
לא הבנת,
שלחת מבט נעלב ואת זעמך הטחת באבי.
את הגבול שבינינו אני משרטטת,
רועדת היד המשרטטת את הגבול.
אני עצמי איני יודעת היכן
אני מתחילה והיכן את נגמרת!

שדה התעופה סחיפול, יוני 2006

פרק 20: בין הפטיש לסדן - בין אם מוזדקנת לילדים מתבגרים

לאחרונה נפלה אמי ברחוב ושברה את מפרק הירך. היא שהתה בבית החולים כשלושה שבועות ושבה הביתה בכיסא גלגלים, כאשר היא בתחילתו של תהליך מעבר להליכון, בהמשך מצבה השתפר וכעת היא נתמכת במקל הליכה.

בשנים הראשונות, כשהיא הייתה אמא ואנחנו ילדים צעירים, בכל פעם שנזקקה למשהו התייצבתי עוד לפני שביקשה, ואם ביקשה ולא נענינו לבקשתה מיד - המירה את בקשתה בדרישה, ואם אז לא נענתה בקשתה - היא עברה לצעקות, לאיומים ולעתים קרובות לאלימות מילולית קשה.

במקרה הנוכחי המצב שונה. אני נתפשת כיום כ"חזקה", כשהיא ה"חלשה". עצם ההבנה של המצב היא מכאיבה מבחינתי. אמא שלי תלויה בי, ולכן מבחינה מוסרית אני מנסה לעשות כמיטב יכולתי כדי לתמוך בה. זה לא פשוט עבורי.

אינני רוצה להישמע כמישהי שאיננה אסירת תודה על מה שעשו למענה. אמא שלי טיפלה בי מבחינה פיזית כשחליתי, היא דאגה לביגוד ולמזון בשבילי, הייתה לי קורת גג, אבל מבחינה רגשית אמא שלי לא רק שלא הייתה שם בשבילי, היא הייתה אם מתעללת.

כשנולדו ילדיי אמי באה לעזור. היא נהנתה מהם כשהיו קטנים, והיום משבגרו, מערכת היחסים בינה לבינם מעט מוזרה בעיניי, ואני מרגישה כאילו היא נשענת גם עליהם (לפחות על אלה שמוכנים לכך). כאם צעירה, התקשיתי לשמוע אותה גוערת בילדיי. לצערי, מעולם לא התערבתי, חשבתי אז כי אמי מנוסה ויודעת

מה נכון לעשות ומה לא. אני חושבת שכשילדיי היו קטנים היה
לה קל להסתדר איתם, ולכן היו מעט מאוד עימותים בינה לבינם.

בשבוע הראשון לפציעתה הייתי לצדה. היא השתדלה מאוד שלא
להביא לשיחות בינינו מטענים, היא השתדלה להיות נעימה, דבר
שהקל עליי בשהות לצידה והקל עליי גם רגשית. רק לפני טיסתי
חזרה הביתה לסיאטל היא העלתה את נושא היחסים בינינו והסירה
כל אחריות מעצמה על מערכת יחסים הלא טובה. אני יכולה להבין
היום, ממרחק השנים ובעקבות התהליך שעברתי עם עצמי, את
חוסר היכולת שלה להיות אמפתית, לקבל אחריות, להבין את הצד
השני. התגובות שלה לא הפתיעו אותי, למרבה הצער לא ציפיתי
ממנה למשהו טוב ואמיתי.

אין לי ציפיות מאמא שלי. הסתפקתי בתחושה שהיא לא מכאיבה
לי יותר בהאשמות שהיא מאשימה אותי בהן. זאת היא, לא אני. זה
שלב חשוב בתהליך הריפוי שלי, ואני גאה בעצמי על ההישג הזה.

המצב שבו אנו לכודות בין אימהות מזדקנות לילדים בגילאים
שונים הוא מסובך. אמי מזדקנת, כך שאין לי אפשרות להתרחק
ולנטוש אותה, אבל ההתמודדות שלי מורכבת וסוחטת רגשית,
ועם זאת, הילדים זקוקים לי לא פחות. פעמים רבות צריך לבחור
אילו צרכים בוערים יותר ואז ההחלטות אינן פשוטות, ולעתים
אני מתמודדת בו־בזמן עם שני הצדדים. בתקופות מסוג זה אני
משתדלת להזין את הנפש שלי בדרכים שונות: קריאה, כתיבה,
מוזיקה, הליכות ארוכות, פגישות חברתיות או כל דבר אחר שיקל
את הקשיים.

עברו כמה חודשים, ושוב אמי חלתה. הפעם לא הוזעקתי, אלא
הייתי בארץ. הושטנו יד לעזרה והצענו שתעבור ניתוח להסרת
כיס מרה כשאנחנו בארץ. היא סירבה ובסופו של דבר עברה ניתוח
שלושה שבועות לפני אירוע בר־המצווה של בננו הצעיר, למרות

שביקשתי שתדחה את הניתוח (שלא היה דחוף) והצעתי שאבוא לסעוד אותה אם תדחה אותו. במהלך הניתוח חלו סיבוכים ואמי נותחה שנית. במשך שבועיים הייתי עם מזוודה מוכנה לטיסה, במקביל להכנות לבר המצווה. תקופה לא פשוטה וסוחטת עברה עליי. בסופו של דבר אמי חזרה לביתה והתאוששה באיטיות, ואירוע בר־המצווה התקיים כמתוכנן. אפילו פעם אחת לא שאלה אותי אמי על האירוע, הוא לא עניין אותה כלל, לעומת זאת, בכל שיחה חזרה על המשפט: "אני אהיה בסדר, אני בסדר", למרות שלא היה לי כל ספק שהיא בסדר ושתהיה בסדר. אמא שלי יודעת לדאוג לעצמה היטב.

אנקדוטה נוספת שעולה בזיכרוני היא שבאחת הפעמים שבהן לא הרגישה טוב, ביקשה אמי לנסוע לבית החולים. האחים שלי ישבו איתה עד אחת לפנות בוקר. לשאלתי, למה שניהם נשארו עד שעה כל כך מאוחרת איתה (הרי שניהם עובדים ובעלי משפחות, לא הייתה סיבה אמיתית ששניהם יישארו), ענתה לי בכעס: "מה זאת אומרת? ברור שיהיו איתי". כרגיל, אמי הנרקיסיסטית לא ראתה אלא את טובתה שלה מול עיניה. ברגעים כגון אלה אני מברכת על העובדה שאינני חיה לידה ואינני סובלת מנחת זרועה, מהמניפולציות, מהפוגענות ומהשתלטנות.

כשאם נרקיסיסטית מזדקנת היא לוקחת מילדיה את כל מה שהיא יכולה. היא לוקחת את מה שהם נותנים לה ברצון, והיא לוקחת גם את מה שהיא דורשת שיתנו לה.

ההתנהגות של אם כזאת היא דורסנית וחסרת התחשבות. היא לא מסוגלת לראות את צורכיהם של ילדיה ושל נכדיה, מבחינתה היא ראשונה. היא לא מסוגלת לראות את הקשיים של אנשים אחרים סביבה ולהביע אמפתיה לכאביהם. מבחינתה, היא מרכז העולם של ילדיה, מאז ומעולם, ואין לה כל כוונה לשנות את זה.

כלפי אנשים אחרים סביבה היא נחמדה מאוד. היא הבינה שאם
תהיה נחמדה, תוכל להשיג תשומת לב וכל דבר אחר שתרצה.
ברגע שהצרכים שלה לא באים לידי סיפוק היא עוברת הלאה.

אינני חיה ליד אמי, זה מקל עליי את הקושי של ההתמודדות
היום-יומית, אך בכל זאת, הקושי עדיין קיים. ההתמודדות עם
הצרכים של ילדיי, עם הקשיים שלהם, נוסף על הקשיים של אמי,
אינה פשוטה. המסקנה שלי מהמצבים האלה היא לנסות לעשות
משהו קטן לעצמנו בכל יום - הליכה בפארק, קריאת ספר, צפייה
בסרט, מדיטציה או כל דבר אחר שגורם לנו לאושר. עלינו לזכור
שכל יום מתחיל ונגמר ולא חוזר על עצמו, ובכל יום אנחנו נותנות
מעצמנו, אבל גם צריכות לזכור ולמלא את המאגרים.

פרק 21: יחסים מורכבים עד לא קיימים - יחסים בין אחים

מאז ילדותי לא היו לי יחסים קרובים עם האחים שלי. מנקודת מבטי זה היה אני מולם. הייתי "האחות הגדולה", זאת שאחראית על שלומם. מגיל צעיר ידעתי שאני לא יכולה לשתף אותם בחיי. אחי, ידעתי, ישתמש בכל מידע שיש לו עליי כדי לפגוע, ללגלג ולהכאיב. לא שיתפתי את אחי בדבר. הוא לא ידע דבר על רגשות, על אהבות, על קשיים בחיי. עם אחותי המצב היה דומה לאורך השנים, וכבר חמש שנים שאינני שומרת איתה על קשר, מלבד עניינים הקשורים באמי המזדקנת.

אחותי למשל מתלוננת שתמיד כשבאה לדבר איתי (כשחזרתי מבית הספר התיכון, רעבה ועצבנית) דחיתי אותה וביקשתי שקט. אחי טוען שהייתי סנובית. אמי נהגה להשמיץ אותם באוזניי (אחותי "בלעה מים בלידה ולכן היא סתומה", ואחי "חלש"). היא נהגה להשמיץ אותם על חוסר עזרה, תמיכה ופרגון. כשאני מתבוננת בזה היום אני רואה את מה שעשתה כמעשה חכם מצדה. היא השיגה ממני בדיוק את מה שרצתה. אני הייתי "המצילה - זאת שאפשר לסמוך עליה תמיד", ומגיל צעיר מאוד הפכתי להיות "הבנק". לצערי הרב, הייתי אוזן קשבת לאמי ולאחיי, אך לא היה לי תפקיד מעבר לזה בחייהם. מעבר לזה, אמי משלה ביד רמה בכולנו, ולתפיסתי נהגה בשיטת "הפרד ומשול".

ממרום שנותיי אני יכולה לראות ולהבין שלא הייתה אהבה הדדית ביחסים בינינו. אני כותבת את הדברים הללו בכאב גדול, מי לא היה רוצה לאהוב את בני משפחתו הקרובה ולהיות אהוב

עליהם? מעבר לחוסר באהבה, חיינו חיים נפרדים מאוד. החיים שלי היו נסתרים מעיניהם, וחייהם לא עניינו אותי. עזבתי את הבית בגיל צעיר. היה לי חשוב לדעת שהם בסדר, אבל מעולם לא יכולתי לשבת ולנהל עימם שיחה עמוקה ומעניינת. העולמות שלנו כל כך שונים, מתמיד. תפיסת עולמנו שונה מאוד.

היחסים בין אחי לאחותי טובים מאלה שאיתי, אבל עדיין, אין ממש יחסים הדדיים של אהבה ביניהם. במשך שנים רבות אחותי איננה מזמינה את המשפחה שלנו אליה, ואחי אינו מזמין אותה ואת משפחתה אליו. המפגשים מתקיימים אצל אמי בדירתה, וזה הכול. כשיש בעיה רפואית הנוגעת לאמי, העול נופל בעיקר על אחותי, גם אחי עושה כמיטב יכולתו, אך הוא אב לילדים צעירים. אני לא חיה בארץ ואינני מעורבת כמעט בדבר. אחיי לא מעדכנים אותי, אלא אם הם זקוקים למשהו (כסף). אין התלבטות, אין שיתוף ברגשות, אין ממש קשר.

יחסים בין אחים נבנים מהיחסים הראשוניים בתוך הבית שבו נולדו וגדלו. אהבת אחים לומדים עוד בבית. ערך עצמי לומדים בבית, כבוד לומדים בבית, ונתינה לומדים בבית. את כל הדברים הללו לא למדנו, לצערי. מעניין להשוות אותנו לאמי ולאחיה. למרות שגדלו עם אם נרקיסיסטית, ישנה אהבה גדולה בין אמי ובין אחיה. אומנם זו הכללה, אבל אמי ואחיה נפגשים באופן קבוע. הבחירה של אמי תמיד הייתה לטובת אחיה. אנחנו, ילדיה ונכדיה, היינו משניים. אחיה קדמו לנו.

אני מוצאת את עצמי מתאבלת על המשפחה שאין לי. אתמול אמרתי לבן הזוג שלי שהכאב שלי כל כך גדול, עד שאני מוצאת את עצמי חושבת שאולי עדיף היה להישאר בתוך המשפחה החולה שלי, ובלבד שתהיה לי משפחה. נכון, זאת מחשבה ילדותית, אבל חוסר במשפחה ובמשפחתיות הוא דבר מכאיב מאוד מבחינתי.

על אדן החלון שבמטבח עומדת תמונה קטנטנה של שלושה אחים. היא צולמה בחתונתו של דודי הצעיר. אני הייתי אז בת שמונה, אחי בן שש ואחותי בת שלוש. משום מה, למרות הכול, היא עדיין עומדת שם. מדי פעם אני מציצה בה וחושבת על שלושה ילדים קטנים ומתוקים, תמימים, שאינם עוד. הם עצמם כבר אנשים מבוגרים, רוויי קשיים ומכאובים. שלושת הילדים המתוקים הללו שצולמו בתמונה כל כך קרובים גדלו להיות למבוגרים המרוחקים זה מזה שנות אור, כרגע נראה שדבר כבר לא יחבר ביניהם לעולם.

פגישה עם קריל מקברייד - המשך העבודה העצמית

קריל מקברייד, האישה והאגדה, ערכה יום של סדנאות אישיות. התלבטתי ארוכות אם לנסוע. אני סקרנית, אבל חששתי שהמפגש בינינו יפוגג את מה שחששתי כלפי ספרה. לשמחתי הרבה לא התאכזבתי. מקברייד היא לא רק אישה חכמה ומעניינת, היא גם אישה נעימה בעלת אמפתיה ורצון לעזור לנשים שעברו חוויות זהות לשלה. במהלך היום שעברנו יחד, חשתי קרבה אליה ושאני יכולה לחלוק איתה חוויות ורגשות. היא כתבה את ספרה מתוך כאב ומתוך תהליך הריפוי העצמי שלה, ואני זכיתי גם לקרוא את ספרה וגם להכירה באופן אישי.

מהמפגש הגעתי לתובנות רבות. הבנתי שאני עדיין בתוך תהליך הריפוי, עוד לא סיימתי אותו, אך כל יום מקרב אותי לריפוי מלא. ריפוי כזה יקרה כשאוכל להיות בקרבת אמי בלי לאבד את שלוות נפשי. זה יקרה כשאבין ברגש ובהיגיון שהיא לא בריאה, כשלא אכנס למלכודות שלה בשום צורה, וכשאוהב אותה למרות הכול.

אני עדיין עוברת תהליך עם עצמי, ומקווה שיבוא היום שבו אני ארגיש ואדע (שוב, קשר מוח-לב) שאני בסדר גמור, שאני עושה מספיק, ושאני מספיק טובה, לא רק כלפיה, אלא כלפי העולם ובעיקר כלפי עצמי.

אני יודעת שאני עדיין נמצאת בתהליך עצמי שבסופו אגיע למצב רגשי שבו לא הסביבה תחליט מי אני, אלא אני. אדע שאני במקום טוב ביום שבו מחמאות או ביקורת לא ישפיעו על ההרגשה שלי יותר. אני אהיה מוזנת מעצמי ולא מגורם חיצוני.

בתור בת של נרקיסיסטית, זאת הדומה לטיפוס "מרי המדהימה", תהליך הריפוי שלי כולל בתוכו הרבה מאוד עבודה עצמית על ערך עצמי שבא מבפנים. אני צריכה להאמין שאני טובה דיי, שאני "מספיקה" לעצמי, שההישגים שלי ראויים לציון, ושהכישלונות שחוויתי ואחווה הם מקור לצמיחה, זה הכול, הם לא משהו שמגדיר אותי.

כשהיום הזה יגיע (ואני יודעת שהוא יגיע, והוא לא רחוק), אדע שסגרתי מעגל, שנרפאתי מהכאב הזה ושהנחתי אותו מאחוריי. לפעמים אני מרגישה שאני כמעט שם, לפעמים יש רגרסיה: תחושה של כישלון (אני כישלון), תחושה של חוסר אונים (לעולם לא אצא מזה) ותחושות של "לא טובה דיי" (בינוניות מתסכלת). כל התחושות הללו אינן זרות לי כלל, ולעתים אני מוצאת את עצמי שוקעת אליהן, אבל אם בעבר לקח לי זמן רב לצאת מהמצבים האלה, אני מצליחה היום הרבה יותר מהר לצאת מהמעגל הזה, לחזור לאיזון, לחזור למרכז הרגש ולזכור מי אני ומה הדרך שעברתי ואני עדיין עוברת.

בסדנה של מקברייד למדתי שהאדם שיכול לרפא אותי הוא אני, שהכוח בא מבפנים. היא לימדה אותי שברגעים קשים עליי להפוך להיות האם של עצמי. הכוונה שאנו, הבנות שלא גדלו עם אימהות מחזקות ותומכות, יכולות במקומות כואבים להיות אמפתיות, רכות ואוהבות כלפי עצמנו. את כל התכונות האימהיות שנחסכו מאיתנו אנו יכולות לייצר בתוכנו וכך להתחזק. אין הכוונה כאן שאנו עומדות בודדות מול העולם, להיפך, יש סביבנו אנשים אוהבים ותומכים, ואנו יכולות להיעזר בהם אבל את התמיכה "האימהית", זאת שאנחנו תמיד מחפשות ולעולם לא מוצאות, נוכל למצוא בתוך עצמנו.

בסופו של היום ההוא - ובניגוד לכל מה שחשבתי שארגיש -

יצאתי מאושרת מפתח משרדה. ידעתי שאני טובה דיי, ידעתי
שאני לא לבד בתחושה שלי "שמשהו לא כל כך מסתדר לי ביחסים
של אם ובתה"; ידעתי שהמוני נשים חוו וחוות את הרגשות שאני
חווה, וידעתי שיש בי כוח לא רק לטפל בעצמי, אלא יש בי גם
כוח לעזור לנשים אחרות.

מי אוהב אותי בכלל? ענת אדרת

פעם, ילד
קטן, שאימא
ואבא שלו היו
כל
הזמן עסוקים, בכל
מיני דברים, הרגיש
פת   אום עצוב ובו דד.
הוא   יצא מהבית   שלו
לרחוב, וחשב
לעצמו כמה
שהוא   היה
רוצה שמישהו
יאהב   אותו,
ולא   משנה
מי   זה יהיה.

פגש   הילד
חתול קטן,
שאל אותו
הילד:
חתולי, אתה אוהב
אותי? מיאו, ענה לו
החתול, כן, אני אותך אוהב,
וליטף   אותו בזנב, ואם
תתן   לי
חלב,   אותך
יותר   אוהב.

ראה הילד
ציפור עפה
בשמיים שאל
אותה: ציפציפ, את
אוהבת אותי? כן
ציייצה, ואם
תבנה לי
קן,

אוהב אותך, כן, כן.

פגש הילד פרח
נהדר פורח
לו בדיוק
באמצע
הכיכר, שאל גם
אותו הילד: פרח אותי
אתה אוהב?
ענה לו
אז
הפרח:
כן,
אני
חושב,
ואם תזוז
ולא תסתיר
לי את השמש
אוהב
אותך
ילדי.

ואז,
השמש שקעה,
הירח עלה,
הילד
חזר הביתה
וגם אימא שלו וגם ואבא שלו אותו נישקו,
והילד שאל אותם
אתם אוהבים
אותי? והם ענו
לו - כן, מאד.
והילד שאל:
למה? והם
ענו: כי
אתה הבן
שלנו, ונתנו
לו חיבוק.

אז תאהבו
את היקרים לכם, סתם כך,
תנו חיבוק ונשיקה, בלי שום
סיבה מיוחדת, פשוט,
מאהבה.

תודות

אני מבקשת להודות לד"ר קריל מקברייד, תרפיסטית, יועצת זוגית ומשפחתית, ולמעלה מ־30 שנה מטפלת בקליניקה שלה בנפגעי טראומה, תחום המחקר העיקרי שלה הוא נרקיסיזם. ספרה הראשון Will I Ever Be Good Enough? Healing the Daughters of Narcissistic Mothers הוקדש לבנות לאימהות נרקיסיסטיות. מקברייד פקחה את עיניי וליוותה אותי בעזרת ספרה. לא הייתי יכולה לעבור את התהליך הזה בלעדיו, היא העניקה לי את רשותה לצטט ממנו בספר זה.

תודה מיוחדת לאיש שלצדי בטוב וברע, באושר ובצער, בעוני ובעושר. זכיתי בחבר לחיים. תודה ליותם, נדב, רועי וברק שבזכותם אני אם.

תודה לדודי המשורר דוד יקותיאלי ז"ל שהיה שם בשבילי כשחיפשתי תשובות לשאלות לא פשוטות. חיבוק הדוב שלו חסר לי בכל יום.

תודה לד"ר ענת אדרת, אחות ליבי, על שירה "מי יאהב אותי?"

תודה לבנות דודותיי מיכל יקותיאלי ועפרה סופרי, חברות ילדותי ובגרותי, על התמיכה והאהבה ללא תנאי.

תודה לחברותיי המקסימות שאוהבות אותי ללא תנאים: מיכל לפיד, גלית ארד־טרוטנר, יפית חבה, חגית כפיר ומיכל חן ז"ל.

מקורות ורשימה לקריאה נוספת

תמיכה אישית ורגשית, מרכז ד"ר טל, (22/01/2015, ד"ר טל, אילן, **הפרעת אישיות נרקיסיסטית.** אוחזר מתוך:
www.drtal.co.il

פסיכולוגיה עברית, כהן, מנשה, (25/1/2008) **כקול קורא במדבר -** **מבט על ילדים הגדלים במשפחה נרקיסיסטית,** אוחזר מתוך:
www.hebpsy.net/articles.asp?id=1632

ד"ר מרטינז-לוי ,לינדה, **בנות לאימהות נרקיסיסטיות - מורשת של** **כאב פסיכולוגי.** אוחזר מתוך:
www.macom.org.il/members/ilana

סובול, אילנה, **אתר לעזרה עצמית לנפגעי תקיפה מינית ואלימות** **בינאישית אחרת,** אוחזר מתוך:
www.macom.org.il/author/ilana

מכון טמיר, רוגל, ורד, **אז נרקיסיסטים אוהבים או שונאים את** **עצמם?** אוחזר מתוך:
www.tipulpsychology.co.il/articles/the_narcicistic_
personality.html

Brown, Nina W. **(2008). Children Of The Self-Absorbed:** **A Grown-Up's Guide To Getting Over Narcissistic** **Parents.** New Harbinger Publishers.

Earley, Jay. (2009). **Self-Therapy: A Step-By-Step Guide To Creating Wholeness And Healing Your Inner Child Using Ifs, A New, Cutting-Edge Psychotherapy.** Pattern System books

Forward, Susan (Ph.D). Donna Frazier Glynn. (2013). **Mothers Who Can't Love - A Healing Guide For Daughters.** HarperCollinsPublishers.

Dr. Mcbride, Karyl (Ph.D). (2016). **Will I Ever Be Free Of You?** Atia publishing paperback

Dr. Mcbride, Karyl (Ph.D). (2008) **Will I Ever Be Good Enough?: Healing The Daughters Of Narcissistic Mothers.** Simon &Schuster, Inc.

Morrigan, Danu. (2012). **You're Not Crazy – It's Your Mother.** DLT.

Morrigan, Danu .(2008). **Dear Daughter Of A Narcissistic Mother.** DLT

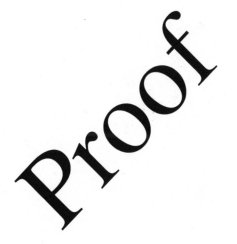